POLYGLOTT

TEL AVIV

ON TOUR

DIE AUTORIN

SUSANNE ASAL

studierte Geschichte, Ethnologie und Anglistik und ist seit 1986 freie Reisejournalistin und Autorin zahlreicher Bildbände und Reiseführer. Einer ihrer Schwerpunkte liegt dabei auf der spanischsprachigen Welt. Tel Aviv zählt seit Neuestem zu ihren absoluten Lieblingsstädten.

W0051772

Unser E-Book-Code zur elektronischen Erweiterung des POLYGLOTT on tour. Das kostenlose E-Book enthält die im Reiseführer aufgeführten Adressen entlang der Touren, beispielsweise zu Essen und Trinken, Shoppen, Aktivitäten und Hotel-Tipps. Links auf einen externen Kartendienst vereinfachen das Auffinden dieser Adressen.

WWW.POLYGLOTT.DE

SYMBOLE ALLGEMEIN

Erstklassig: Besondere Tipps der Autoren

Seitenblick: Spannende Anekdoten zum Reiseziel

Top-Highlights und

Highlights der Destination

70 TOUREN & SEHENSWERTES

TOUR-SYMBOLE		PREIS-SYMBOLE		
1	Die POLYGLOTT-Touren		Hotel DZ	Restaurant
6	Stationen einer Tour	€	bis 100 EUR	bis 30 EUR
1	Zwischenstopp Essen & Trinken	€€	100–200 EUR	30–60 EUR
📕 A1	Die Koordinate verweist auf	€€€	über 200 EUR	über 60 EUR
	die Platzierung in der Faltkarte			
📕 a1	Platzierung Rückseite Faltkarte			

TOP-12-HIGHLIGHTS

BIALIK SQUARE > S. 74

CARMEL-MARKT > S. 75

NEVE TZEDEK > S. 78

ALTSTADT VON JAFFA > S. 84

HAFEN VON JAFFA > S. 90

FLORENTIN & SEINE GRAFFITIS > S. 95

ROTHSCHILD BOULEVARD > S. 103

TEL AVIV MUSEUM OF ART > S. 111

LIEBLING HAUS – WHITE CITY CENTER > S. 115

BEIT HATFUTSOT – MUSEUM OF THE JEWISH PEOPLE > S. 123

ERETZ ISRAEL MUSEUM > S. 126

YITZHAK RABIN CENTER > S. 127

ZEICHENERKLÄRUNG DER KARTEN

beschriebenes Stadtviertel (Seite=Kapitelanfang)	Hauptstraße
Sehenswürdigkeiten	sonstige Straßen
Zwischenstopp Essen & Trinken	Fußgängerzone
Tourenvorschlag	Eisenbahn
Autobahn	Staatsgrenze
Schnellstraße	Landesgrenze
	Nationalparkgrenze

Am Alma Beach im Süden Tel Avivs kann man auch sehr entspannt auf Jaffa schauen

TYPISCH

TEL AVIV IST EINE REISE WERT!

»Die Stadt, die niemals schläft« gilt als die lebhafteste, hippste, unterhaltsamste, innovativste Stadt der Welt, das Paradies, wie es der junge israelische Stardirigent Omer Meir Wellber formulierte.

SUSANNE ASAL
Die Autorin studierte Geschichte, Ethnologie und Anglistik und ist seit 1986 freie Reisejournalistin und Autorin zahlreicher Bildbände und Reiseführer. Einer ihrer Schwerpunkte liegt dabei auf der spanischsprachigen Welt. Tel Aviv zählt seit Neuestem zu ihren absoluten Lieblingsstädten.

Tel Aviv ist die Stadt der Stunde, und sie ist so ganz anders als der Rest von Israel. Es ist ein bisschen so, als läge ständig etwas Eurovision-Song-Contest-Aura über den 14 Kilometer langen Sandstränden, die so fein und sauber sind wie bestimmt kein anderer Stadtstrand der Welt: ein bisschen Party, ein bisschen Glamour – und immer ganz viel Bewegung. Auf dem E-Scooter, auf dem Fahrrad, joggend, walkend.

Eine unbeschwerte Fröhlichkeit schwebt über den vielen Leuten, die es sich an einem Shabbat-Nachmittag auf dem Rasen des Rothschild Boulevard gemütlich gemacht haben und ihr Picknick auspacken. Mitten in der Stadt, auf der beschatteten grünen Innenstadtallee. Es liegt eine entspannte Feierabendstimmung über dem kreisrunden Dizengoff Square mit seinen angeleuchteten Wasserspielen und den Sitzbänken und Stühlen und dem öffentlichen Klavier, auf dem jemand spielt. Und es ist wunderbar, in den Abendstunden dort zu sitzen, wo tagsüber der Flohmarkt von Jaffa abgehalten wird, und sein Malabi mit Rosenwasser und Granatapfelkernen zu essen zu den elektronischen Klängen eines DJ.

Und dies alles inmitten einer Umgebung, die so widersprüchlich, so unruhig ist, in einer Umgebung, die Israel den Untergang herbeiwünscht? Über die Schriftsteller wie David Grossmann und Lizzie Doron die Protagonisten ihrer Romane sagen lassen: »Der Staat hat uns als Geiseln genommen«. Wie passt das bloß zusammen? »Theodor Herzl hat uns einen eigenen Judenstaat erträumen lassen, aber was ist, wenn nicht jeder davon träumen will, wenn er lieber Kanadier wäre als Israeli?« Ja, was wäre wenn? Oder wie auf einem Graffiti im Stadtviertel Florentin zu lesen ist: »Wenn ihr nicht träumen wollt, dann müsst ihr es nicht.«

Und doch: »Wenn ihr wollt, ist es kein Märchen!« Tel Aviv entstand aus lauter einzelnen Vorhaben, aber aus einem einzigen Willen heraus. Einen Platz für sich zu haben, den einem niemand streitig machen konnte, weil man ihn sich mit viel Leid errungen hat. 1909: Es gibt eine alte Fotografie, auf der dunkel gekleidete Menschen auf einer sandigen Fläche stehen und das Los zur Landverteilung geworfen wird. Alles sieht so frei aus. Doch wie schon einer der algerischen Gründersöhne von Tel Aviv, Yosef Eliyahu Chelouche, in seinen Memoiren 1929 schrieb: »Das Land war nicht leer, es war nicht frei, es gehört den Palästinensern, und wenn die jetzt herbeiströmenden Juden nicht sehen, dass sie Brücken bauen müssen, werden sie nicht erfolgreich sein.« Das schrieb der Sohn des Gründers von Neve Tzedek, dem ältesten und heute angesagtesten Viertel der Stadt, Mittelpunkt der Gentrifizierung. Zu dieser Zeit lag Neve Tzedek wie eine Brücke zwischen der alten arabischen Hafenstadt Jaffa mit ihren osmanischen Palästen und eklektischen Bauten der Türken und Araber und den im Sand und Schlamm versprengten Siedlungen der Juden im Norden. Jaffa, das war einer der bedeutendsten orientalischen Häfen an der Mittelmeerküste.

Das Bauhaus und die Idee einer Gartenstadt waren hier sehr früh vertreten. Ganz klar, die passten einfach hervorragend als Antwort auf die drängende Not an Wohnraum. Der schnell entstehen musste, weil sich immer mehr Juden zur Flucht aus ihrer Heimat entschlossen.

Straßencafé mal ganz wörtlich genommen im Levinsky Café 41 im Florentin-Viertel

Das Bauhaus oder der internationale Stil, wie man in Tel Aviv sagt, sind aus dem Stadtbild nicht wegzudenken, weil es an allen Ecken und Enden diesen Vorgaben folgt. Bauhaus ist Tel Aviv – kein Wunder, galten seine architektonischen Prinzipien doch bis in die 1960er-Jahre.

Sind Tel Avivs sozialpolitische Wohnideen aber nicht schon längst verblasst gegenüber der Hochhaus-Skyline, den Symbolen der Banken- und Wirtschaftsmetropole, der Zukunftsgewandtheit der Forschungs- und Entwicklungsinstitute? Keine andere Stadt kann prozentual so viele Start-ups verzeichnen. Das Leben in Tel Aviv hat sich enorm verteuert, doch viele verdienen auch gut.

Tel Aviv ist keine gewöhnliche Stadt der Sehenswürdigkeiten. Dass die Stadt an sich existiert, ist die Sehenswürdigkeit, und alle Menschen, die darin wohnen, sind besuchenswert. Die »Weiße Stadt«, aber auch die »Schwarze Stadt«. Das eine existiert nicht ohne das andere. Alle Plätze, alle Straßen, alle Viertel. Der Süden mit den eritreischen Flüchtlingen, die Gegend um die Central Bus Station, den verrufenen Busbahnhof in der Levinsky Street, die Museen über die Haganah und den Palmach, die Widerstandsbewegungen und die Vorläufer des Geheimdienstes Mossad, das jemenitische Viertel, die Templerkolonie, die amerikanische Kolonie, die Kunstszene, die international wohl beste und innovativste Tanzszene der Welt, wo der Leiter der berühmtesten Ballettkompanie Mr. Gaga genannt wird … all das gehört zu Tel Aviv, all das findet und fand auf seinem Boden statt.

Für den Besucher ist es so, als ob dieser vibrierende Film des *chaim*, diese Feier des Lebens, in Tel Aviv ständig mitläuft. Man kann und will sich ihm einfach nicht entziehen.

Die exklusiven Yoo-Wohntürme im Norden der Stadt sind Symbole des Reichtums

WAS STECKT DAHINTER?

Die kleinen Geheimnisse sind oftmals die spannendsten. Hier werden die Geschichten hinter den Kulissen erzählt.

WARUM GIBT ES IN TEL AVIV SO VIELE HUNDEPARKS?

Tel Aviv gilt als die Stadt mit den meisten Hunden pro Einwohner, geschätzt gibt es etwa 36 000 Vierbeiner, denen nicht nur 70 Parks, sondern auch vier eigene Strandabschnitte für den Auslauf zur Verfügung stehen. Hunde dürfen praktisch in jedes Café, Restaurant und Geschäft mitgenommen werden, selbst Supermärkte haben damit meist kein Problem. Und überall stehen ganz selbstverständlich Wassernäpfe. Nicht zu vergessen: die Flut an Läden für Hundefutter und Leckerlis sowie Beautysalons. Vielleicht braucht man in einer Stadt, in der so viele Singles leben und in der alles jederzeit in Bewegung ist, eben doch einen Fixpunkt.

WIE LÄSST SICH DER GIGANTISMUS DER CENTRAL BUS STATION ERKLÄREN?

Man sagt, der Architekt des »weißen Elefanten«, wie die Tel Aviver ihren zentralen Busbahnhof im Süden der Stadt nennen, habe sich vom Gassengewirr Jerusalems inspirieren lassen und dieses dann auf 230 000 m² als klimatisierte, zum Flanieren einladende »Stadt« in der ansonsten heißen Wüstenstadt Tel Aviv konzipiert. Rami Karmi entwarf 1967 mit dem Busbahnhof im Brutalismus-Stil, der ein futuristi-

sches Wahrzeichen sein sollte, den damals größten der Welt. Im Laufe der fast 30-jährigen, immer wieder lange unterbrochenen Bauzeit torpedierten dann Investorengier und Profitmaximierung die ursprünglichen Pläne Karmis und machten aus der »Stadt in der Stadt« ein größenwahnsinnig zu nennendes Einkaufszentrum. Das wurde aber in kürzester Zeit zum Pleiteobjekt und bietet heute all jenen ein Dach über dem Kopf, die im Schatten des teuren, hippen Tel Avivs stehen. Die Stadt in der Stadt gibt es im siebenstöckigen Busbahnhof tatsächlich, aber ganz anders als geplant. › mehr S. 13 Punkt **7** und S. 19 Punkt **43**

WARUM GIBT ES SPEZIELLE AUFZÜGE FÜR SHABBAT?

An diesem jüdischen Feier- sowie Ruhetag sind zahlreiche alltägliche Dinge verboten, so etwa die Bedienung elektrischer Geräte und damit auch die eines Fahrstuhlschalters. Deshalb gibt es seit Langem in vielen größeren Gebäuden, darunter Hotels, Aufzüge, die im Shabbat-Modus fahren: ohne eigenes Zutun und mit Halt auf jedem Stockwerk, damit auch fromme Juden nicht die Treppen hochsteigen müssen. Die Knesset verabschiedete im Jahr 2001 ein Gesetz, das Gebäuden mit mehr als einer Aufzugsanlage einen Shabbat Elevator vorschreibt.

50 DINGE, DIE SIE ...

Hier wird entdeckt, probiert, gestaunt, Urlaubserinnerungen werden gesammelt und Fettnäpfe clever umgangen. Diese Tipps machen Lust auf mehr und lassen Sie die ganz typischen Seiten erleben. Viel Spaß dabei!

... ERLEBEN SOLLTEN

1 Sonnenaufgang Könnte es einen gelungeneren Start in den Tag geben, als die aufgehende Sonne mit einem Strandspaziergang › S. 139 zu begrüßen? An Tel Avivs 14 km langem Strand sind bereits ab 6 Uhr morgens Jogger, Nordic Walker und Radler unterwegs.

2 It's Playtime Die Sportlichkeit der Tel Aviver, die sich am Strand tummeln, mag einschüchternd sein.

Auch für die richtigen Parkplätze ist auf dem Rothschild Boulevard gesorgt

Bestes Gegenmittel: sich anschließen und mitmachen. Ausrüstung für Matkot z. B., das beliebte israelische Strandtennis, gibt es in jedem Sportgeschäft (und die Spielanleitung unter www.gomatkot.com).

3 Streetdance morgens Zwischen Juni und September werden am Gordon Beach ▮ B2 samstags von 7–11 Uhr israelische Volkstänze getanzt, und alle, die mitmachen wollen, können das (kostenlos) tun (www.harokdim.org).

4 Angeseilt Im Kletterturm Sky Town TLV › S. 128 kann man sich auf vier Ebenen und bis zu einer Höhe von 24 m Herausforderungen stellen (www.skytown.co.il/english).

5 Boulevard-Rollern Auf dem grünen Mittelstreifen des Rothschild Boulevard › S. 103 unter dem Schatten von Feuerakazien und Palmen kann man sich bestens auf dem E-Scooter ausprobieren.

6 Jaffa In der alten Hafenstadt sollte man sich ziellosem Schlendern hingeben und all den Träumen nachspüren, die mit ihr verbunden waren. Und von der Wishing Bridge › S. 87 kann man dann seine eigenen Wünsche weit übers Meer schicken.

Bei Matkot dreht es sich nicht ums Gewinnen bzw. Verlieren, sondern einfach um Spaß

❼ In the Belly of the Beast Verlieren Sie sich im »Bauch« des zentralen Busbahnhofs › S. 11 im Süden Tel Avivs. Der ist als Labyrinth verschrien, aus dem es kein Entkommen gibt. Auf den Orientierungssinn der Tourguides von CTLV ist aber natürlich Verlass (www.ctlv.org.il/ctlv-tours-english).

❽ Jerusalem Die heilige Stadt ist eine eigene Reise wert, die Sachertorte im Österreichischen Hospiz › S. 146 aber auch. Ein Erlebnis der absoluten Kontraste, vor allem, wenn dann auch noch der Muezzin vom Minarett zum Gebet ruft.

❾ Durch die Nacht düsen Die Tel Aviv Rollers (TAR) laden jeden Dienstag um 21.30 Uhr zu einem 25 km langen, ambitionierten Rollschuhtrip ein – gutes Fahrvermögen und Fitness vorausgesetzt (www. facebook.com/TelAvivRollers). Man trifft sich am HaBima Square › S. 108.

10 Sich ins Nachtleben stürzen
Halb Tel Aviv ist abends auf den
Beinen, bevölkert Straßencafés und
-restaurants und schiebt sich dann
einfach weiter in Klubs oder Bars
oder oder oder. Das Abraham Hostel › S. 32 veranstaltet Pub Crawls ab
22.30 Uhr, jeder kann mitmachen
und lernt dabei sechs verschiedene
Bars kennen.

... DIE SIE PROBIEREN SOLLTEN

11 Kaffee mit Kardamom Dies ist
eine arabische Art, den Kaffee zuzubereiten. Sollte man im atmosphärisch so besonderen Café Yafa › S. 91
seines buchverliebten Besitzers Michel El Raheb probieren.

Wo gibt's den besten Hummus? Darüber
lässt sich in Tel Aviv trefflich streiten

12 Hummus Sehr vergnüglich und
natürlich köstlich ist es, herauszu-
finden, wer den besten Hummus
› S. 36 macht. Das ist dann Genuss-
und Stadttour in einem.

13 Granatapfelsaft Die Israelis
könnten die Saftstände erfunden
haben, so sehr lieben sie sie. Frisch
gepresster Granatapfelsaft schmeckt
echt nach Tel Aviv und Jaffa. › S. 76

14 Israelisches Frühstück Die
Büffets in den Hotels und in den
Cafés machen den Begriff Brunch
überflüssig, und natürlich darf dabei auch Shakshuka nicht fehlen. Im
Benedict › S. 41 kann man rund um
die Uhr frühstücken.

15 Blumenkohl »Signature Dish«
der neuen Tel Aviver Küche ist der
gebackene Blumenkohl mit oder
ohne Tahini (Sesampaste), den Küchenchef Eyal Shani erfunden hat.
Kann man sich z. B. in Shanis Port
Said › S. 39 schmecken lassen.

16 Wiener Schnitzel Wie viele österreichische Juden sind nach Israel
emigriert? Eben. Das Lieblingsessen
vieler hat auch in Tel Aviv eine große Anhängerschaft, und gern trifft
man sich zum Schnitzelessen im
Café Noir › S. 34.

17 Tscholent Der aschkenasische
Gemüse-Fleisch-Eintopf ist ein
klassisches Gericht für den Shabbat.
Langsam und auf kleiner Flamme
gar ziehend schmeckt er am besten.
Gibt es an Samstagen z. B. im Restaurant Hamitbahon › S. 38.

Die »Früchte aus dem Paradies« werden zu paradiesischen Säften verarbeitet

18 **Cocktail-Magie** Die ausgefallenen und zum Teil spektakulär in Szene gesetzten Mixturen der Bellboy Bar im Erdgeschoss des Hotels B Berdichevsky › S. 31 lassen sich täglich während der Happy Hour zwischen 18 und 20 Uhr günstiger genießen (www.bellboybar.com).

19 **Israelischer Wein** In der entspannten Weinbar Par Derrière im Mini-Viertel Noga kann man israelische Rot- und Weißweine probieren, die überwiegend von Boutique-Weingütern stammen (Bat Ami 7, Tel. 03-629 21 11, www.parderriere.co.il, So–Do 10–1, Fr, Sa ab 9 Uhr). ▮ C7

...DIE SIE BESTAUNEN SOLLTEN

20 **Nahum Gutman** Er war ein Künstler der ersten Stunde von Tel Aviv und ein liebenswerter und kritischer Beobachter. Ein klein wenig Tel-Aviv-Folklore schadet zudem nicht ... › S. 102

21 **Stadterkundung mit Bus 10** Auch wenn man beim »alternativen« Hop-on-Hop-off bei jeder Fahrtunterbrechung seine Rav-Kav-Karte › S. 24 neu einsetzen muss, Tel Aviv so kennenzulernen ist ein besonderer Spaß (www.dan.co.il/eng).

22 **Sonnenuntergang am Strand**
Es ist einfach wunderschön: Die
Sonne im Meer versinken zu sehen
mit der Skyline von Jaffa im Blick
und mit einem Cocktail aus einer
der Strandbars, etwa vom Kiosk des
Manta Ray › S. 35 am Alma Beach.

23 **Contemporary Dance** Sie gelten als die innovativsten und besten
der Welt: Die Tanzkompanien Israels geben sich im Suzanne Dellal
Center › S. 48 in Neve Tzedek ein
Stelldichein.

24 **Geschichte** Die Guides von
Tarbush sind auf der humorvollen
Seite der Geschichte und erläutern
die Stadt auf unterschiedlichsten
Touren wirklich mal ganz anders
(www.tarbush.org).

25 **Leute gucken** Das kann man
wunderbar bei den meist spontan
stattfindenden DJ-Partys, etwa im
Old Port Tel Aviv › S. 128, am Strand
oder – manchmal mit Ansage – im
HaYarkon Park › S. 128.

26 **Wunderkammer** Was Künstlerin Ilana Goor in ihrem spektakulären Haus zusammengetragen und
ausgestellt hat, ist ein wilder Kunst-
mix aus aller Welt. › S. 88

Das Suzanne Dellal Center ist die Heimat des zeitgenössischen israelischen Tanzes

27 Blaumilchkanal Auf der Allenby Street › S. 75 mit Ephraim Kishons satirischer Geschichte über das »Venedig des Nahen Ostens« und einem Presslufthammer im Ohr kommt man ins Staunen.

28 Telefonzellen Die gibt's tatsächlich noch, und zwar genau die roten Häuschen, die in England üblich waren. Zu bestaunen sind sie in Jaffa beim Clock Tower › S. 84. Und sie funktionieren!

29 Eklektizistische Häuser Die Zeitzeugen des alten Ahusat Bajit und das krasse Gegenmodell zur Schlichtheit des internationalen Stils: Zu sehen in vielen Straßen, etwa in der Allenby Street › S. 73 oder der Ahad Ha'Am Street. Die Stadt hat die schönsten Beispiele mit Plaketten markiert.

... MIT NACH HAUSE NEHMEN SOLLTEN

30 Totes Meer Zahlreiche Kosmetikinstitute und -geschäfte in der Stadt haben sich auf Cremes und Heilschlamm mit Wirkstoffen aus dem Toten Meer spezialisiert. Eine bekannte Marke ist Ahava.

31 Fotos von Rudi Weissenstein Die Fotos des tschechoslowakisch-israelischen Fotografen (1910–1992) begleiten das Werden von Israel auf einzigartige Weise. Sie sind als Postkarten und Reproduktionen erhältlich (Tchernichovsky St 5, www.thephotohouse.co.il). 📘 D3/4

Auf kulinarischer Weltreise mit Gewürzen

32 Gewürze Alle Aromen von Tel Aviv seien hier vertreten, schwärmen Köche wie Besucher vom Levinsky-Markt › S. 98, in dem es hauptsächlich auf die Gewürze ankommt: in stupender Vielfalt und hoher Qualität.

33 Schokoladenerlebnis Die Geschäfte von Max Brenner am Rothschild Boulevard › S. 45, im Sarona-Markt oder im Old Port Tel Aviv ähneln Boutiquen, in denen das kostbare Material in kleinen Darreichungen präsentiert wird.

34 Papier Wer für all die Eindrücke, Erlebnisse und Gedanken, die nach einem Tel-Aviv-Besuch zu Papier gebracht werden möchten, etwas Besonderes sucht, sollte bei Papier › S. 42 vorbeischauen.

Ob Kette, Anhänger, Ohrring, Amulett, die schützende Hand der Fatima ist allgegenwärtig

35 **Israelisches Design** Bei Asufa › S. 43 werden alle fündig. Wunderschön ist das Buch über die Haggada, den Auszug aus Ägypten, von israelischen Illustratoren (89 NIS).

36 **Fatimas Hand** Sie symbolisiert gleichzeitig Abwehr und Schutz und ist in dieser Ausformung in allen drei Weltreligionen heimisch. Fatimas Hand ist in unzähligen Varianten zu haben: Wühltische und Juwelierauslagen sind voll von ihr.

37 **Keramik** In der Nahalat Binyamin › S. 77 lässt sich an zahlreichen Ständen Kunsthandwerk entdecken.

Israelisch-mediterrane Motive und Farben finden sich auf den hübschen Keramiktabletts von Ayelet Caspi (Nahalat Binyamin St 18, 110 NIS).

38 **Memory** Das Bauhaus Center › S. 117 hat einen tollen Shop, in dem es auch Souvenirs wie das Memory »Forget Me Not« gibt. Eine Erinnerungsreise für zu Hause.

39 **Geschnitztes** Der bunte israelische Salat aus fein gewürfelten Tomaten, Gurken und Paprika kann man mit einem Salatbesteck aus Olivenholz, das es auf den Märkten gibt, besonders stilvoll servieren.

40 Halva aus Jaffa Berühmt für ihre qualitätsvolle Halva aus Sesamsaat, Honig und Nüssen ist eine der ältesten arabischen Bäckereien Jaffas, die Abouelafia › S. 44.

41 Duftende Fläschchen Erez und Lea von Zielinkski & Rozen entwerfen Parfüms, Lotions, Raumdüfte, Kerzen und Körperpflege. Die Produkte werden in alte Apothekenfläschchen verpackt (Olei Zion St 5, www.zrp.co.il, So–Do 10–18.30, Fr 9.30 bis 15 Uhr). 📖 B8

... BLEIBEN LASSEN SOLLTEN

42 Feiertagsregeln missachten An Jom Kippur, dem höchsten Feiertag des jüdischen Festkalenders im September/Oktober, in der Öffentlichkeit zu essen oder zu trinken kommt einem Affront gleich.

43 Zu spät zum zentralen Busbahnhof kommen Der Busbahnhof › S. 11 an der Levinsky Street ist ein derart ungefüges, kaum zu durchschauendes siebenstöckiges Monstrum, dass man für die Orientierung genug Zeit einplanen sollte.

44 Politische Diskussion Die sollte man als Tourist unterlassen. Am besten zuhören und schweigen.

45 Nicht angemessene Kleidung Frauen im Beach-Outfit, Männer ohne Kippa – das geht in einer Synagoge nicht. Das Gotteshaus betritt man ordentlich angezogen.

46 Beim Trinkgeld sparen Meist ist das Bedienungsgeld in Bars, Cafés und Restaurants nicht mit eingerechnet. Mit anderen Worten: Von Trinkgeld wird ausgegangen › S. 154.

47 Oben ohne baden Fällt nur Ausländerinnen ein und ist absolut nicht erwünscht.

48 Die Abfertigungszeit unterschätzen Die Sicherheitskontrollen am Flughafen › S. 151 brauchen viel Zeit; seien Sie frühzeitig da.

49 Militärische Einrichtungen fotografieren Das ist in Israel streng verboten; Polizeistationen zu fotografieren ist gleichfalls tabu.

50 Die Meeresströmungen nicht ernst nehmen In Tel Aviv und Umgebung kommt es immer wieder zu tödlichen Badeunfällen.

Bausünde der Stadt ist die Central Bus Station, in der man sich ständig verläuft

Ein echter Hingucker auf dem
Weg von Tel Aviv nach Jaffa ist
die Hassan-Bek-Moschee

REISEPLANUNG
& ADRESSEN

DIE STADTVIERTEL IM ÜBERBLICK

Tel Aviv ist aus vielen kleinen Siedlungen zusammengewachsen, die an unterschiedlichen Orten entstanden waren, wie etwa Sarona und Neve Tzedek oder auch das jemenitische Viertel. Die Stadt hat sich also nicht wie sonst üblich aus einem inneren Kern, der eine Altstadt bezeichnet, nach außen entwickelt.

Namal Tel Aviv, der 1938 gebaute Hafen, ist heute eine Amüsier-, Ausgeh- und Shopping-meile auf Holzplanken

Doch die Orientierung fällt nicht schwer, geben doch die 14 Kilometer lange Küstenlinie zusammen mit dem Fluss HaYarkon der Stadt einen Rahmen vor. Nördlich des HaYarkon Park mit dem gleichnamigen Fluss liegen die Universität, das Beit Hatfutsot – das Museum des jüdischen Volkes, das historische Eretz Israel Museum, das Palmach Museum und das Yitzhak Rabin Center. Es ist also ein ganzer Komplex voller besuchenswerter Ziele, die sich im sogenannten **Neuen Norden** der Stadt befinden. Dort liegt auch der zu einem Ausgehviertel umgewandelte Old Port Tel Aviv (Namal Tel Aviv).

Südlich davon erstreckt sich der **Alte Norden**. Breite Straßenachsen gliedern sein Häusergewebe um den Dizengoff Square als seinem Zentrum. In diesem Bereich liegen der Bialik Square mit dem Stadtmuseum Beit Ha'ir, das Bauhaus-Ensemble mit dem Liebling Haus und dem Bauhaus Center, das Tel Aviv Museum of Art, der Ben Gurion Boulevard mit dem Wohnhaus von Ben Gurion, die Ben Yehuda Street, Allenby Street, King George Street, die zum Carme-Markt leitet, der wiederum die Eingangspforte des jemenitischen Viertels namens Kerem HaTeimanim bildet.

Jenseits des prachtvollen und dennoch sehr nahbaren **Rothschild Boulevard** mit seinen tollen Straßencafés im Zentrum von Lev Hair liegen das neue In-Viertel **Neve Tzedek** und das von Graffitis übersäte **Florentin** schon auf dem Weg in den Süden nach Jaffa. Entlang dem Strand verläuft die HaYarkon Street. Weiter gen Süden und Osten wird die Gegend etwas rauer, wobei aber auch immer wieder neue Nachbarschaften in Erscheinung treten wie z. B. HaHashmal.

Tel Aviv besteht seit 1909, doch die alte Hafenstadt **Jaffa** trägt eindeutig osmanische und arabische Züge, woraus sie viel von ihrem unwiderstehlichen Zauber bezieht. Auch hier bieten Straßen und Boulevards zuverlässige Orientierung wie die Yefet Street oder der Jerusalem Boulevard, aber das Sich-treiben-Lassen durch die alten, verwinkelten Ecken hat hier einen besonderen Reiz. Das nördliche Jaffa umschließt die meisten Sehenswürdigkeiten wie das Museum of Antiquities, das Ilana Goor Museum oder den Flohmarkt sowie den leicht erhöhten Platz Kikar Kedumim, unter dem alte römische und griechische Ausgrabungen zu sehen sind.

KLIMA & REISEZEIT

Die Großstadt am östlichen Mittelmeer verfügt über ein mediterranes Klima, das durch einen langen, heißen Sommer und einen kurzen, aber feuchten Winter gekennzeichnet ist.

In den Sommermonaten werden sich vermutlich nur die Hartgesottensten für Tel Aviv entscheiden, denn in der Stadt herrscht, obwohl die Temperaturen nicht so hoch sind wie im Landesinneren, eine hohe Luftfeuchtigkeit. Bis in den September hinein ist mit viel feuchter Schwüle zu rechnen, und auch nachts bleiben die Temperaturen tropisch.

Die Winter in der Stadt sind mild und regenreich bis in den März hinein. Die reisefreundlichsten Temperaturen herrschen zwischen September und Mitte Juni.

Im September und Oktober gibt es die meisten Feiertage: das Zuckerfest, das Laubhüttenfest, Rosch Hashana, also das jüdische Neujahrsfest, und Jom Kippur, das Versöhnungsfest.

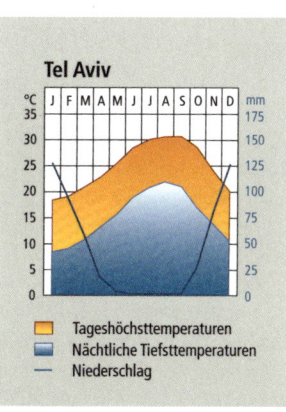

Tel Aviv

☐ Tageshöchsttemperaturen
☐ Nächtliche Tiefsttemperaturen
— Niederschlag

ANREISE

MIT DEM FLUGZEUG

Israels größter internationaler **Flughafen Ben Gurion** (www.iaa.gov.il) liegt etwa 15 km südöstlich des Stadtzentrums von Tel Aviv. Es bestehen Direkt-verbindungen zu nahezu allen europäischen Metropolen. Er ist übersicht-lich und großzügig aufgebaut und hat im Innen- und Außenbereich Schalter zum Geldumtausch sowie Informationsschalter.

Um nach Tel Aviv zu kommen, besteht die Möglichkeit, einen halbstünd-lich fahrenden **Zug** zu nehmen, der an den Bahnhöfen Savidor (Norden), HaShalom (Mitte) und HaHaganah (Süden) sowie an der Universität im Norden hält (So–Do durchgehend, Fr bis 17, Sa ab 19 Uhr, Karten am Schal-ter oder Fahrkartenautomaten). Nach Mitternacht hält er nur an HaHa-ganah und Savidor. Die Zugstation liegt unterhalb des Terminals 3, Bahn-steig 1. Die Fahrt kostet 13,50 NIS.

Bus 445 bedient viele Stationen innerhalb Tel Avivs. Er hält am Gate 1 und fährt die Ben Yehuda Street hinunter, hält am Dizengoff Square, an der Gordon und Frishman Street. Kein Verkehr an Shabbat (Freitagabend bis Samstagabend). Kostet 9,30 NIS, man muss aber schon eine aufgeladene Rav-Kav › unten haben.

Die offiziellen **Taxis** unterliegen der Flughafenbehörde und warten außerhalb der Ankunftshalle an einem markierten Platz. Taxis mit reduzier-ten Tarifen findet man auf Level 2 von Terminal 3, zu erreichen über eine Rolltreppe nach der Zollkontrolle. Tarife ab 135 NIS (Taxameter).

STADTVERKEHR

BUSSE

Seit November 2019 ist eine wichtige Neuerung probeweise in Kraft: öffent-licher Nahverkehr auch an Shabbat. Da ruhte er nämlich bisher. Verschiede-ne Buslinien bedienen bestimmte Routen quer durch die Stadt in einem halbstündlichen Rhythmus, jeder dritte Bus ist behindertengerecht ausge-stattet. Dabei werden wichtige Punkte angesteuert wie Ben Yehuda Street, Allenby Street, King George Street, Rabin Square, Dizengoff Square, Roth-schild Boulevard und Jaffa.

Das Busnetz ist eng gewebt und die Busse verkehren häufig bis gegen 23 Uhr. Angezeigt werden die Stationen in hebräischer, arabischer und latei-nischer Schrift. Um Busse nutzen zu können, braucht man die **Rav-Kav,** eine andere Möglichkeit der Bezahlung gibt es nicht. Im Bus selbst kann man nicht bezahlen. Die Karte selbst kostet 5 NIS, sie ist in Touristeninformationen, am Flughafen, in Bahnhöfen und an manchen Kiosken erhältlich. Aufladen (meist nur mit Kreditkarte) geht in allen Geschäften und Kiosken, die ein spezielles Zeichen im Schaufenster führen. Die Rav-Kav gilt auch für andere Orte, z. B. für Jerusalem. In einem Zeitrahmen von 90 Minuten kann man für 5,90 NIS so oft fahren, wie man will. Es gibt Kontrollen.

Der Stadtplan, der in den Touristeninformationen erhältlich ist, führt auf der Rückseite die Buslinien auf. Die Buslinien Dan und Metropoline sind mit Rampen für Rollstuhlfahrer ausgestattet.

SHERUT

Die gelben **Sammeltaxis** (Minivans) bieten an allen Tagen rund um die Uhr ihren Service an. Sie fahren auf den Busrouten, allerdings nicht bis nach Jaffa hinein. Man stoppt sie wie Taxis, und sie halten auf Wunsch, also nicht an festgelegten Haltestellen.

TAXIS

Man kann sie mit den Apps »Gett« und »Raxi« bestellen oder auf der Straße anhalten. Eine Fahrt innerhalb der Stadt kostet etwa 40–50 NIS, die Wagen haben Taxameter, und auf Wunsch stellen die Fahrer eine Quittung aus. Die Tarife sind nach Uhrzeiten gestaffelt, an Shabbat und den Feiertagen gilt der höhere Tarif. Die Fahrer sind berechtigt, einen Zuschlag von etwa 4 NIS zu berechnen, wenn mehr als zwei Personen fahren, und 4 NIS pro Gepäckstück bei Fahrten zum und vom Flughafen.

FAHRRÄDER & E-SCOOTER

Beide sind sehr populär. Es gibt rund 75 städtische grüne **Tel-O-Fun-Stationen** für Fahrräder in der Stadt, dazu kommen noch private Anbieter für E-Scooter. Bei den städtischen Tel-O-Fun-Stationen kann man wählen zwischen einem Tages-, einem Dreitages- und einem Wochentarif (Infos unter www.tel-o-fun.co.il).

Apps für Fahrrad- bzw. Scooter-Verleih: »Telobike«, »Mobike«, »Bird«, »Wind«, »Lime«, »Bike«.

Straßenverkehrsregeln: Es besteht Helmpflicht, es darf nur eine Person auf dem Scooter sein, nur die gekennzeichneten Wege und keine Fußgängerwege dürfen benutzt werden, parken ist nur in den gekennzeichneten Zonen (weiß umrandete Rechtecke) erlaubt.

E-Scooter haben die Stadt erobert

DIE OASE DES FRIEDENS

Etwa 50 km südlich von Tel Aviv auf dem Weg nach Jerusalem liegt die Hoffnung. Sie heißt Neve Shalom – Wahat al-Salam (Oase des Friedens) und gilt einem Projekt, das für diese Region etwas ganz Außerordentliches erschaffen hat: Das friedliche Zusammenleben von jüdischen Israelis, Palästinensern und Christen. Zurzeit leben dort 65 Familien. Gegen alle Widerstände, gegen allen Argwohn. »Wir sind sicherlich kein Mainstream in Israel, jedoch überwiegt die Zahl der Menschen, die in das Dorf ziehen wollen, bei Weitem das Angebot. Das zur Verfügung stehende Privatland kann aktuell etwa 150 Familien Platz bieten«, sagt der für die Pressearbeit zuständige Michael Jarzembowski.

»Die politischen Verhärtungen und Polarisierungen – ja, nicht nur in Israel – sind bitter und bedauerlich. Aber neben dem resignierten Abwinken spüren wir in den internationalen Freundeskreisen auch großes Interesse an Details jenseits von Klischees, und besonders das vorhandene Interesse in Israel selbst finde ich ermutigend.« Die Besucherzahlen steigen stetig an - von Israelis und aus dem Ausland.

WIE ALLES BEGANN
Man könnte die Geschichte von Neve Shalom – Wahat al-Salam er-

Friedensarbeit wird auf vielen Ebenen geleistet, so auch in der zweisprachigen Schule

zählen wie ein Märchen: Es gab einmal eine kühne Idee als Antwort auf einen Krieg, den Sechstagekrieg zwischen Israel, Jordanien, Ägypten und Syrien vom 5. bis 10. Juni 1967. Der in Ägypten geborene Dominikanerpater **Bruno Hussar** (1911–1996) initiierte auf einem baumlosen Hügel, den ihm das Trappistenkloster Latroun verpachtet hatte, gemeinsam mit **Reuven Moskovitz** (1928 bis 2017) von der Friedenbewegung in Jerusalem Workshops zwischen Juden und Palästinensern. Ausgerechnet zu diesem Zeitpunkt, ausgerechnet mit diesen eigentlich verfeindeten Teilnehmern. Sie erhielten Zulauf. Junge Leute kamen auf das Gelände, um ein friedliches, alternatives Leben auszuprobieren, andere interessierten sich für die jüdisch-arabischen Begegnungen, die dort organisiert wurden. Doch es gab nichts, kein Haus, keinen Baum, keinen Strauch und auch kein Wasser. Aus der Idee sollte sich bald der Plan entwickeln, wie man ein friedliches und respektvolles Miteinander lernen kann, und dafür brauchte man nicht nur einen Platz unter dem Sternenhimmel, sondern auch ein Haus, ein Dorf, ein Wohnprojekt, um tatsächliche Partnerschaft und Gleichberechtigung zwischen Juden und Palästinensern leben zu können. Welch weiten Weg die Initiatoren dieses Projektes beschritten haben, verdeutlicht die Auszeichnung ihrer binationalen, trikulturellen Grundschule als eine der besten neun Grundschulen des Landes, die ihnen 2019 vom israelischen Kultusministerium verliehen wurde.

EIN FRIEDENS-, DORF- UND BILDUNGSPROJEKT

Ganz allmählich nahm das Projekt eines gemeinschaftlichen Dorfes Form an. Die Leute lebten zunächst in Hütten, in Wohnwagen, lange gab es keinen Strom und auch kein Telefon. Doch von Beginn an war klar, dass es um Austausch, Respekt und vor allem um Bildung gehen würde. Denn das Schulsystem in Israel kennt keine bilingualen Schulen, man geht entweder auf eine jüdische oder eine arabische Schule. Und so stand bald fest, dass Neve Shalom – Wahat al-Salam sich einen eigenen Bildungs- und Erziehungsweg aufbauen würde: von der Kinderkrippe über den Kindergarten bis zur Grundschule. Anschließend übernahm das Jugendzentrum names Nadi. Das Erkennen der eigenen und das Akzeptieren der anderen kulturellen Identität bildete die Basis für das Curriculum.

FRIEDENSSCHULE

1979 schlug dann die große Stunde: Die Schule wurde gegründet. Im ersten Schuljahr besuchten sie nur elf Kinder aus dem Dorf. Doch es war klar, dass die Dorfgemeinschaft auch Kinder aus der Umgebung aufnehmen wollte, denn die Ideen der Friedensschule sollten auch in die Politik und die Gesellschaft hineinwirken. Heute ist die Schülerzahl auf 317 angewachsen, zwei Schulbusse sind in der Umgebung unterwegs, um die Kinder aus insgesamt 19 Gemeinden aufzusammeln. Und man plant, die Anzahl der Schuljahre auf zwölf zu erhöhen.

Einer der wichtigsten Stützpfeiler der Gemeinschaft und einer mit der größten Strahlkraft ist das Begegnungszentrum der Friedensschule, in dem Workshops und Seminare für Juden und Palästinenser zum interkulturellen Austausch für Studenten, Lehrer, Sozialarbeiter sowie Stadtplaner angeboten werden.

OASIS ART GALLERY

Neve Shalom – Wahat al-Salam ist jedoch kein Kibbuz. Die meisten Dorfbewohner mit Ausnahme der Lehrkräfte arbeiten in ihren Berufen außerhalb und engagieren sich ehrenamtlich in den verschiedenen Projekten. Und eines davon – hochinteressant, hochaktuell – ist die Oasis Art Gallery. Palästinensische und jüdische Maler, Filmer und Bildhauer bekommen hier eine Bühne, die sie stets unter einem gemeinsamen Motto teilen. Es werden auch gemeinsame Workshops initiiert.

Nein, Mainstream ist es sicherlich nicht, diese Idee vom Miteinander. In der »Oase des Friedens« verschließt man nicht die Augen vor den gegenwärtigen Zuspitzungen, der politischen Hetze, der Feindseligkeiten. Die Gegensätze prallen auch hier aufeinander, das Unverständnis für die jeweilige Lage des »anderen«. Doch einen Platz der Begegnung zu bieten, den Menschen hinter den Ideologien zu sehen, den Schmerz über erlittene Demütigungen, die Kraft, den Kampf, das ist dem Friedensdorf über alle Maßen gelungen.

- Das mit Ehrungen/Preisen überhäufte Neve Shalom steht auch für Besucher offen, man kann an Führungen teilnehmen oder die Oasis Art Gallery besuchen. Ein schönes Hotel steht außerdem bereit. Alle Infos unter www.wasns.org.
- Neve Shalom ist auch per Bus und Zug erreichbar: www.wasns.org/-Wie-man-zu-uns-kommt-deutsche

Ein weltweiter Unterstützerkreis sichert den Erhalt der »Oase des Friedens«

UNTERKUNFT

Der Tourismus ist in Tel Aviv während der letzten Jahre stark angestiegen, und mit der Nachfrage wuchs auch der Bauboom. Aktuell ziehen gerade die Hotelgesellschaften von Ritz und Kempinski ihre Glitzertürme hoch, den einen am Rothschild Boulevard, den anderen in Strandnähe.

Das Preisniveau ist hoch, und das hat leider zur Folge, dass auch die Vermietungen von privatem Wohnraum via Airbnb und ähnlichen Anbietern stark angestiegen sind mit den üblichen Folgen: Mietensteigerung, Verdrängung der Einwohner aus zentralen und guten Wohngebieten an die Stadtränder. Tel-Aviv-Besucher sollten sich dessen bewusst sein. Die Stadt selbst ergreift Maßnahmen, um regulierend einzugreifen.

ZENTRUM, NEVE TZEDEK & FLORENTIN

Hotel 75 €€ ▮ D5
Farbenfroh ausstaffiert sind die hellen Zimmer dieses freundlichen, jungen Hotels in guter, zentraler Lage. Ist nicht leise, liegt aber sehr zentral.
- Allenby St 75 | Zentrum
  Bus Allenby/Balfour | Tel. 03-521 25 18
  www.hotel75-telaviv.com

Hotel Montefiore €€ ▮ D5
Ein fein in Schwarz-Weiß-Kontrasten gestaltetes Schmuckstück mit nur 12 Zimmern, teilweise mit eigener Bibliothek, vollkommen durchkomponiert, in einem schönen renovierten Gebäude aus den 1920er-Jahren. Ein Hotel mit spürbar eigener Handschrift, das auch ein tolles Restaurant hat.
- Montefiore St 36 | Zentrum
  Bus Allenby/Montefiore St
  Tel. 03–564 61 00
  www.hotelmontefiore.co.il

Lily & Bloom €€ ▮ D5
Lichtdurchflutetes Boutiquehotel mit geräumiger Lobby und Restaurant. Halb Vintage, halb modern. Mit beliebter Bar. Um die Ecke des Rothschild Boulevard.
- Lilienblum St 48
  Zentrum
  Bus Rothschild/Allenby
  Tel. 072-248 48 48
  www.lilyandbloom.com

Shenkin €€ ▮ D4
Witzig und künstlerisch sind die 30 individuellen Zimmer dieses Hotels ausgstattet. Ein weiterer Pluspunkt ist die tolle Lage zwischen Shenkin und King George Street. Schöne geräumige Dachterrasse mit Loungemöbeln.
- Brenner St 21
  Zentrum
  Bus Shenkin St
  Tel. 03-600 94 00
  www.shenkinhotel.com

Trieste Neve Tzedek Hotel €€ ▮ D5
Den vier unterschiedlich geschnittenen und verschieden großen Suiten in einem renovierten Haus von 1929 ist eines gemeinsam: eine sehr farbige und fröhliche Möblierung sowie Kunst an den Wänden, die den mediterranen Charakter von Italien

einfangen möchte. Jede Suite hat ihre eigene kleine Terrasse. Fürs Frühstück gibt's Voucher für nahe gelegene Cafés. Etwas für Individualisten.

- Ahad Ha'am St 4
  Neve Tzedek
  Bus Migdal Shalom/Montefiore
  Tel. 050-956 69 56
  www.triestetlv.com

Florentin House € ▮ D7

Mitten im leicht angerauten Künstlercharme des Florentin-Viertels liegt dieses originelle Hotel mit gepflegten Dorms und riesigen Zimmern mit eigenem Bad, alles sehr hell und luftig, im Industriedesign. Bar mit Ausstellungsraum und Gartenterrasse. Das Frühstück bereitet man sich entweder selbst auf der Dachterrasse zu oder geht in ein benachbartes Café.

- Florentin St 6
  Florentin
  Bus Shalma Rd/Elifelet
  Tel. 03-529 99 09
  www.florentinhouse.com

Galileo Hotel € ▮ C4

Im jemenitischen Viertel gelegen, nahe am Strand und am Carmel-Markt. Hat kleine, nett ausgestattete Zimmer im Retro-Stil und eine Dachterrasse. Etwas abgewohnt. Ohne Frühstück.

- Hillel HaZaken St 8 | Zentrum
  Bus Allenby/Bialik
  Tel. 03-516 00 50
  www.galileohoteltlv.com

Rena's House € ▮ D6

Helle Apartments mit kleiner eingebauter Küche und Wohnecke, modern und in frischen Farben gestylt. Es gibt auch größere Familienapartments. Liegt in der Nähe von Florentin.

- Simtat Beit HaBad 3
  Zentrum
  Bus Yafo Road/Herzl
  Tel. 054-297 22 33
  www.renashouse.co.il

White House Hotel € ▮ D3

Im klaren Bauhaus-Stil errichtet, sind die unterschiedlich geschnittenen Zimmer modern mit bunten Akzenten eingerichtet. Einige haben einen Balkon zum Dizengoff Square. Außerdem Terrasse, Lounge und Dachterrasse.

- Dizengoff St 85
  Zentrum
  Bus Dizengoff Square/Pinsker
  Tel. 03-560 60 23
  www.whitehousetlv.com

JAFFA

Margosa Hotel €€ ▮ B8

Dieses Haus ist ein Hingucker: Aus einem architektonisch schönen Palazzo-Gebäude mitten im arabischen Jaffa ist ein stimmungsvolles Hotel mit pastellig eingerichteten, geräumigen und originell ausgestatteten Zimmern geworden, teilweise mit Balkon. Dachterrasse.

- Avraham Even Shoshan St 1
  Jaffa
  Bus Yefet/Yehuda HaYamit Street
  Tel. 03-680 50 50
  www.margosa-hotel.com

Market House Hotel €€ ▮ B8

Die unmittelbare Nähe des Flohmarkts gab dem Hotel seinen Namen, das eine fast britisch anmutende, sehr gepflegte Wohnlichkeit ausstrahlt. Alle Zimmer haben einen französischen Balkon. In der Lobby mit kleiner Bibliothek sind für jedermann zugänglich Ausgrabungen aus der osmanischen Zeit zu sehen.

- Beit Eshel St 5 | Jaffa
  Bus HaShaon Square
  Tel. 03-797 40 00 | www.atlas.co.il

Old Jaffa Hostel & Guest House € 📗 B8
Eher ein hübsches Wohngästehaus als ein übliches Hostel. In einem der schönen betagten Gebäude osmanischer Herkunft in Jaffa untergebracht, hat es verschieden geschnittene Zimmer, alle mit wohnlichen Möbeln und bunten Kacheln ausgestattet, Balkone und Salons.

- Ami'ad St 13
  Jaffa
  Bus Flea Market/Yefet
  Tel. 03-682 23 70
  www.telaviv-hostel.com

ALTER & NEUER NORDEN
B Berdichevsky Hotel €€ 📗 E4
Klassisch-elegante Ausstattung der Zimmer, der Rest ist ein wenig plüschig, aber sehr hübsch und persönlich. Die Cocktailbar Bellboy sieht aus wie dem Film »Grand Budapest Hotel« entnommen. > mehr S. 15 Punkt ⑱ Das Hotel nennt sich nach einem aus der Ukraine stammenden jüdischen Dichter. Liegt nicht weit entfernt vom HaBima Square und dem Rothschild Boulevard.

- Berdyczewski St 14
  Alter Norden
  Bus Habima/Rothschild Blvd
  Tel. 077-996 73 88
  www.hotelbtlv.co.il

Dave Gordon €€ 📗 C2
Außen echtes Bauhaus und innen Pop im 1970er-Jahre-Stil, das sind die Elemente des Dave Gordon. Die Räume sind sehr unterschiedlich und individuell gestaltet; Lobby mit lustiger Bibliothek, kleine Gartenlounge. Liegt zwischen Strand und Dizengoff Square.

Zahlreiche Hotels in Tel Aviv bieten ihren Gästen eine Dachterrasse

WOHNEN MIT FLAIR

- Das womöglich beste Hostel der Welt, **Abraham** € ▮ E5, ist voller Leben, ganz dem Wohlfühlen der Gäste gewidmet und bietet tausend Möglichkeiten, miteinander und mit Tel Aviv in Kontakt zu kommen. > mehr S. 14 Punkt ⑩ Die EZ und DZ sind richtig groß und blitzsauber.
  Levontin St 21 | Zentrum
  Bus Levontin Street
  Tel. 03-624 92 00
  www.abrahamhostels.com
- Im **Diaghilev Live Art Suites Hotel** €€ ▮ E5 gibt es überall Kunst und toll möblierte Zimmer. Ein Hotel wie ein Projekt.
  Maze St 56 | Zentrum
  Bus Rothschild Blvd/Balfour
  Tel. 03-545 31 31
  www.diaghilev.co.il
- **The Vera** €€ ▮ D6 ist ein originelles, zentral gelegenes und trotzdem ruhiges Designhotel mit exquisitem Service, nettem Garten und schöner Dachterrasse.
  Lilienblum St 27 | Zentrum
  Bus Rothschild Blvd/Allenby
  Tel. 03-778 38 00
  www.theverahotel.com
- Das **Cinema Hotel** €€ ▮ D3 in einem eleganten Bauhaus-Palast am Dizengoff Square bietet viel Film und viel Stil in Schwarz-Weiß-Lila. Die Lage ist fantastisch.
  Zamenhoff St 1 | Alter Norden
  Bus Dizengoff Square/Reines St
  Tel 03-643 73 01 | www.atlas.co.il

- Gordon St 17
  Alter Norden
  Bus Ben Yehuda/Gordon
  Tel 03-974 70 45
  www.brownhotels.com

Metropolitan €€ ▮ C3
Das klassische Gruppenhotel liegt in der zweiten Reihe am Strand. Geräumige, hübsche und bequeme Zimmer, sehr hilfsbereiter Service, gutes Preis-Leistungs-Verhältnis. Opulentes Frühstück; mit Restaurant und Pool.
- Trumpeldor St 11
  Alter Norden
  Bus Bograshov/Ben Yehuda Street
  Tel. 03-519 27 27
  www.hotelmetropolitan.co.il

Yam Hotel €€ ▮ a3
Sommerlich eingerichtetes, hübsches Strandhotel mit viel Flair und gutem Service. Die Zimmer sind allerdings nicht sehr groß, manche haben Balkon. Liegt in der Nähe des Tel Aviv Old Port.
- Kaf Gimel Yordei HaSira St 16
  Alter Norden
  Bus Dizengoff/Zidon
  Tel. 03-542 55 55
  www.atlas.co.il

The Spot Hostel € ▮ a3
Dieses hübsche Hostel bietet neben gemeinschaftlichen Schlafräumen auch Privatzimmer mit eigenem Bad. Gepflegtes Restaurant mit Garten, Bar und Lobby. Bietet viele Ausflüge und Touren an und liegt in der Nähe des Old Port Tel Aviv.
- HaTa'arucha St 3
  Neuer Norden
  Bus Dizengoff/Zidon
  Tel. 03-790 74 77
  www.thespothostel.com

ESSEN & TRINKEN

Es gab einmal eine Zeit in Israel, da musste man vor allen anderen Dingen die Familie satt bekommen. Mit dem, was es gab. Und es gab nicht viel. Da wurde der »Ben-Gurion-Reis« erfunden, Ptitim, aus Weizen hergestellte reisförmige Nudeln, die mit Kräutern oder importiertem Tomatenketchup vermischt wurden und eine fertige Mahlzeit ergaben.

Richtig viel und gut auf dem Teller hatten die, die in den Kibbuzim lebten und arbeiteten, und nur wer in den Genuss kam, dort einen Urlaub zu verbringen, konnte von der Vielfalt der landwirtschaftlichen Produkte kosten: Omelett schon zum Frühstück, frisch gebackenes Brot, Marmeladen, Milchspeisen, Obst, Gemüse, Fisch und eine große Käseauswahl.

Vielleicht führt man sich das vor Augen, wenn man heute die kulinarische Szene in Tel Aviv betrachtet. Sie ist zweifellos eine der reichsten der Welt. Das liegt an ihren vielfältigen Wurzeln, an der Vermählung von alten sephardischen und aschkenasischen Rezepten, an dem Reichtum der jemenitischen, syrischen, polnischen, russischen, deutschen und algerischen Küche. Quasi als Import von außen ist neuerdings die asiatische Küche hinzugekommen, die von den Tel Avivern heiß geliebt wird, besonders Sushi.

Auf Schritt und Tritt locken frisch gepresste Säfte wie hier in der Shenkin Street

Doch Hummus, Falafel und gegrillte Auberginen, mit denen heute die halbe Welt das kulinarische Israel definiert, entstammen der arabischen Küche, und diese Sachen durften noch in den 1960er-Jahren manche jüdische Kinder nicht essen, denn es war das Essen des Feindes. Das kann man sich kaum vorstellen, wenn man heute über den üppigen Carmel-Markt streift und in den kleinen ägyptischen und jemenitischen Stubenrestaurants seine Kalbsbeinsuppe isst.

Heute ist Tel Aviv eines der begehrtesten Ziele der Foodie-Szene. In der Stadt gibt es fast nichts, was es nicht gibt. Nur eins wird der Gast nicht bekommen: Milchiges und Fleischiges an einem Tisch, auf einem Teller, mit ein und demselben Besteck.

FEIN & BESONDERS

Milgo + Milbar €€€ 🏠 E4

Die internationale, prämierte Küche von Chefkoch Moti Titman setzt eigene Akzente: einfache Zutaten wie Sardinen oder Paprika, die fantasievoll verarbeitet werden. Das Restaurant liegt in der Nähe des HaBima Square und ist in einem restaurierten Bauhaus-Gebäude untergebracht. Minimalistisch gestylt, Bistro-Stil.
- Rothschild Blvd 142 | Zentrum
  Bus HaBima/Rothschild Blvd

Tel. 03-631 42 14
www.milgomilbar.co.il
Tgl. 12–16, 18–23.30 Uhr

Café Noir €€ 🏠 E5

Eine klassische Adresse im klassischen Styling und mit einer Speisekarte, die sich die Rosinen herausgepickt hat: libanesischer Salat, Quinoa-Bowl, aber auch verschiedene Wiener Schnitzel (viele gehen nur deswegen hierher) > mehr S. 14 Punkt ⑯, italienische Pasta und Burger.

Ein ungewöhnlicher Ort mit Spitzenküche ist das Mashya in der Lobby des Mendelin Hotels

Feine Weinkarte sowie eine Außenterrasse zur Straße hin.

- Ahad Ha'Am St 43 | Zentrum
  Bus Rothschild Blvd/Balfour
  Tel. 03-566 30 18
  www.cafenoir.co.il
  So–Do 12–24, Fr ab 8, Sa ab 9 Uhr

Goshen €€ 🍴 D5
Ein koscheres Grillrestaurant der Extraklasse. Hier wird gerne geteilt, was auf den großen Holzplatten serviert wird. Ansonsten gibt's munteres Cross-over von Pasta und Focaccia bis zur gehackten Hühnerleber, einer jüdisch-aschkenasischen Spezialität.

- Nahalat Binyamin St 37 | Zentrum
  Bus Allenby/Montefiore
  Tel. 03-560 07 66
  www.goshentlv.co.il
  So–Do 12–24 Uhr, Fr bis 1 Std. vor Shabbat, Sa nur abends geöffnet

Manta Ray €€ 🍴 B6
Wenn man einen Tel Aviver fragt, welches Fischrestaurant er empfiehlt, wird bestimmt das Manta Ray darunter sein, der absolute Klassiker am Alma Beach, genau in der Mitte zwischen Tel Aviv und Jaffa. Elegant und nicht billig. Es gibt auch Frühstück/Brunch und vegetarische Menüs. Außenterrasse. › mehr S. 16 Punkt 🔵22,

- Charles Clore Park
  Tel Aviv Promenade
  Bus Koifman/Shenkar St
  Tel. 03-517 47 73 | mantaray.co.il
  Tgl. 9–23.30 Uhr

Mashya €€ 🍴 C3
Restaurant im Hotel Mendeli: kühl, schön, hell und modern. Bietet eine superraffinierte, gleichzeitig bodenständige und hochwertige Küche.

LÄSSIG GENIESSEN

- Vorne sieht der Second-Hand-Buchladen **Little Prince Bookshop** € 🍴 D4 aus wie ein Antiquariat aus dem alten Wien, um dann in einem fröhlich bunten Bistro mit Garten zu enden. Es gibt Kuchen, Pasta, Salate und Quiches. Freitags Happy Hour.
  King George St 19 | Zentrum
  Bus King George St/HaHashmonaim | Tel. 03-525 36 32
  www.facebook.com/hanasich
  So–Do 10–24, Fr bis 17, Sa ab 20 Uhr

- Das **Dubnov 8** €€ 🍴 E2 liegt verschwiegen und still in einem der schönsten Stadtgärten Tel Avivs, dem Dubnov Garden. Im eleganten Bistro-Stil eingerichtet, bietet es Salate in großer Auswahl, aber auch *gefilte fish* und Schnitzel. Hier wird Essen zur Erholung.
  Dubnov St 8 | Zentrum-Sarona
  Bus Leonardo da Vinci/Kaplan
  Tel. 03-696 86 55
  www.dubnov8.com (nur Hebräisch)
  So–Fr 8–24, Sa ab 9 Uhr

- Das **Puaa** € 🍴 B8 in Jaffa ist ein nettes kleines Café-Restaurant: Terrasse auf der Gasse, Möbel (wie) vom Flohmarkt, viel los, Salate, Sandwiches, selbst gemachte Limonaden, Long Drinks und israelischer Wein.
  Rabbi Yohanan St 8 | Jaffa
  Bus Yefet/Ami'ad | Tel. 03-682 38 21
  www.facebook.com/cafepuaa
  So–Fr 9–24/1, Sa ab 10 Uhr

• Mendeli Street 5 | Alter Norden
 Bus Ben Yehuda/Bograshov
 Tel. 03-750 09 99 | www.mashya.co.il
 Sa–Do 12.30–16, 18–23.30, Fr ab 17 Uhr

Taizu €€ 🔖 E5

Ein Trend in der Tel Aviver Küche: Sharing is caring. Im Taizu kann man gemeinsam von einer großen Platte nehmen, aber es geht natürlich auch traditionell. Die Küche fußt auf asiatischen und mediterranen Wurzeln, und wenn man schon teilt, kann man auch von allem probieren. Selbst wenn die Adresse wenig verheißungsvoll klingt – die Begin Street ist eine Hauptverkehrsader –, das Restaurant ist fröhlich gestylt und hat einen Garten.
• Menachem Begin St 23 | Zentrum
 Bus Begin/Rekevet

Tel. 03-522 50 05
www.taizu.co.il
So–Do 12–15.30, Sa bis 15, Mo–Do 18.30 bis 23.30, Fr ab 18, Sa, So ab 19 Uhr

TYPISCH TEL AVIV
Bicicletta €€ 🔖 D5

Tel Aviv ist ein junges Pflaster, und so darf man auch von einem Lieblingsrestaurant wie dem Bicicletta kein hochtrabendes Styling erwarten. Es hängt ein ausrangiertes Fahrrad im Schaufenster, und ansonsten besteht die Restaurant-Bar auch aus einem wimpeldekorierten Hinterhof mit Gartenatmosphäre. Gute Tapas und auch gute selbst gemachte Limonaden.
• Nahalat Binyamin St 29 | Zentrum
 Bus Allenby/Balfour | Tel. 03-643 30 97
 So–Do 18–2, Fr, Sa ab 12 Uhr

💬 STREETFOOD

Diese Art zu essen könnte eine Erfindung Tel Avivs sein. Streetfood gab es dort schon lange, bevor es anderswo in Mode kam. Man isst aber nicht auf der Straße, wie der Name suggeriert, sondern holt sich die Portionen an der Theke eines Kiosks ab und setzt sich auf alles, was da in der Nähe ist: Bänke, Rasen, Stühle. Sieht auch viel cooler und nicht so hektisch aus!

• **HaKosem** 🔖 D3 Die besten Falafel – knusprig und weich zugleich, sanft gewürzt und zart – wandern bei HaKosem mit einer frittierten Aubergine, Hummus, Tahini und Rotkohl in die Pita-Tasche. Ein göttlicher Imbiss! (Shlomo HaMelekh St 1, Alter Norden, Bus King George/Zamenhof, So–Do 9.30–24, Fr 9–16.30 Uhr)

• **Sabich** 🔖 D4 Auch Zvi Halabi versteht sich auf die Kunst, Pita-Taschen mit Köstlichkeiten zu füllen; Salat darf dabei nie fehlen. Die Sabich sind eine Spezialität aus dem Irak und bestehen neben Auberginen aus Kartoffeln, Salat, Hummus und pochierten Eiern. Sehr lecker! (Tchernichovsky St 2, Alter Norden, Bus Allenby/Bialik, So–Do 9–21, Fr bis 15.30 Uhr)

• **Abu Hassan (Ali Karawan)** 🔖 A8 Der Hummus von Ali Karawan (jetzt ist sein Sohn der Besitzer) ist so exzellent, dass ihn sogar das Restaurant Golda's Deli im teuren Hotel Jaffa serviert. Besser, so finden die Köche dort, können sie ihn auch nicht machen. > mehr S. 14 Punkt 🔟2 (Ha-Dolfin St 1, Jaffa, Bus Yehuda Margoza/Yefet, Mo–Fr 9–16 Uhr)

Streetfood-Stände sind das kulinarische Herz der Stadt

Café Europa €€ 🔖 D5

Auch das ist typisch Szene: Cocktails und kleine Gerichte in Bar-Atmosphäre in dem Haus von Aharon Chelouche, einem der Gründerväter von Tel Aviv bzw. Neve Tzedek. Die Gerichte sind witzigerweise in Preiskategorien zusammengefasst.

• Rothschild Boulevard 9 | Zentrum
  Bus Migdal Shalom/Ahad Ha'Am
  Tel. 03-525 99 87 | www.cafeeuropa.co.il
  So–Mi 12–16, 17–24, Do 12–16, 17–24,
  Fr 18–24, Sa 12–17, 18–24 Uhr

Itzik Hagadol €€ 🔖 B7

Jede Menge frische Salate in kleinen Schüsseln und anschließend köstliches gegrilltes Fleisch – wer hierher kommt, weiß, was er will. Eine Institution in Jaffa.

• David Raziel St 3 | Jaffa
  Bus HaShaon Square
  Tel. 057-943 89 70 | 03-683 00 33
  www.itzikhagadol.co.il
  Tgl. 11–23.30 Uhr

North Abraxass €€ 🔖 D6

Das zweite Restaurant von Eyal Shani ist etwas eleganter und hat eine raffiniertere Speisekarte mit ungewöhnlichen Gemüsekombinationen und Fleisch. Wer Schlangestehen und Reservierungen für das momentane Kultrestaurant vermeiden möchte, kommt früh am Abend. Auch mittags gut voll. Außenterrasse.

• Lilienblum St 40 | Zentrum
  Bus Rothschild Blvd/Allenby
  Tel 03-516 66 60
  So–Do 12–16, 18–24, Fr, Sa 12–23 Uhr
  www.facebook.com/northabraxass

Dalida € 🔖 E6

Die ägyptisch-französische Sängerin ist Patin dieses sympathisch-unbekümmerten Bistro-Restaurants, in dem eine Mode der Tel Aviver gepflegt wird: Man isst zusammen, also von einem großen Teller. Die Karte des Küchenchef Dan Zuaretz enthält fünf verschiedene Menüs (das Zusammenessen ist eines davon), und er mag definitiv Gemüse in ungewöhnlichen Zusammenstellungen, aber auch Steak und Meeresfrüchte. Hat eine Bar und einen Innenhof und liegt in der Nähe des Levinsky-Markts. Das Restaurant beteiligt sich an der Happy Hour: So–Do kostet das Essen zwischen 17 und 19 Uhr nur die Hälfte.

- Zevulun St 7 | Florentin
  Bus Begin Road | Allenby
  Tel. 03-536 96 27
  www.dalidatlv.co.il
  So–Do 17–2, Fr, Sa ab 12 Uhr

💬 HUMMUS FUL

Preiswert und gut in Tel Aviv satt werden? Kein Problem! In den nicht ganz so hippen Ecken von Tel Aviv gibt es einfache Restaurants, in denen es nur eins gibt: Hummus Ful. Das Zauberwort ist ein mit Kichererbsenpüree dick ausgestrichener Suppenteller, darauf kommen ein Schöpflöffel gekochte Kichererbsen oder Linsen bzw. weiße Bohnen und ein Klecks Tahini, weiße Sesampaste, die auch noch zusätzlich auf einem Extratellerchen serviert wird. Dazu werden Salat, eingelegte Gürkchen und Möhren gereicht, außerdem etwas Scharfes und reichlich Pita-Brot. Das bekommen alle. Mobiliar? Resopaltische und Plastikstühle. Wunderbar für diese Köstlichkeit ist das **Roni Ful** € 🔳 C7 im Florentin-Viertel (Eilat St 22, Bus Eilat/Elifelet, So–Do 7.30–17, Fr bis 15 Uhr).

Elimelech € 🔳 E6
Wer richtig aschkenasisch essen möchte, sollte in dieses 1936 gegründete traditionelle Restaurant gehen.

- Wolfson St 35 | Florentin
  Bus Jaffa Rd/Herzl
  Tel. 03-681 45 45
  So–Do 12–24, Fr 11–19 Uhr

HaBasta € 🔳 D5
Unzählige kleine Teller auf dem Tisch machen erst einmal skeptisch, aber das jeweils dort Angebotene ist vegetarische Kost vom Feinsten und gut aufeinander abgestimmt. Eines der zu Recht beliebtesten Lokale in der Gegend, ein wenig kantinenmäßig, aber sehr nett.

- HaShomer St 4 | Zentrum
  Bus Allenby/Balfour
  Tel. 03-516 92 34
  So–Do 12–24, Fr ab 8.30, Sa 11–16,
  18–24 Uhr

Hamitbahon € 🔳 C4
Hübsches einfaches Restaurants in unmittelbarer Nähe zum Carmel-Markt. Viele Topfpflanzen vermitteln Gartenfeeling. Es gibt hauptsächlich jüdische Küche, Schnitzel, Couscous, den aschkenasischen Tscholent › mehr S. 14 Punkt ⓱ und Frühstück bis 12 Uhr.

- Rabbi Akiva St 18 | Zentrum
  Bus Allenby/Bialik
  Tel. 03-516 36 89 | hamitbahon.co.il
  So–Fr 8–1 Uhr, Sa ab 9 Uhr

Landwer Café € 🔳 E2
Das Landwer existiert seit 1919. Die junge Kundschaft mit aufgeklappten Laptops vor sich auf den Tischen sitzt neben älteren Damen, die mittags hier ihr Schnitzel verzehren. Gute Atmosphäre. Mehrere Filialen in Tel Aviv.

Einer der berühmtesten Kioske Tel Avivs, der Est 1920, steht in der Lilienblum Street

● Ibn Gabirol 70 | Alter Norden
  Bus Rabin Square/Ibn Gabirol
  Tel. 03-696 49 24
  www.landwercafe.co.il
  So–Do 7–2, Fr, Sa 24 Std. geöffnet

Port Said € 📱 D5
Das erste Restaurant von Küchenstar Eyal
Shani gegenüber der Großen Synagoge. Es
wirkt eigentlich eher wie das Terrassencafé einer sympathischen Buchhandlung,
hat eine zusammengewürfelte Innenein-
richtung und einen alten Plattenspieler,
der nicht umsonst dort steht. Ist bekannt
für seine Vinyl-Partys. Hervorragende Atmosphäre, nur die Wartezeiten sind recht
lang. Bistroküche, viele Salate und natürlich der berühmte gebackene Blumenkohl.
> mehr S. 14 Punkt ⓯

● Har Sinai St 5 | Zentrum
  Bus Allenby/Montefiore
  Tel 03-620 74 36
  Sa–Do 12–2/3 Uhr, Fr abends geschl.

Romano € 📱 D6
Auch ein Restaurant von Eyal Shani; ist
eigentlich eine Galerie über einem Innenhof, in der erst Essen serviert und später
Musik aufgelegt wird. Früher war das mal
eine Fabrik. Total beliebte Location, wobei
das Essen – eine handfeste mediterrane,
israelische Küche – vielleicht gar nicht so
im Vordergrund steht. Wer Trubel nicht so
mag, geht am besten früh hin.
● Jaffa Rd 9 | Zentrum-Florentin
  Bus Yafo Road/Herzl
  Tel. 077-275 96 05
  So–Fr 18–3, Sa ab 12.30 Uhr

Dr. Shakshuka € 📖 B8

Die bunt gekachelte Bude mit Holzstühlen auf der Straße serviert die beste Shakshuka überhaupt in Tel Aviv, so die Meinung von Insidern. Man bekommt das klassische israelische Frühstücksgericht aus gebackenen Tomaten mit Eiern in einer Vielfalt von Varianten, aber auch andere Speisen.

• Beit Eshel St 3 | Jaffa
  Bus HaShaon Square
  Tel 03-682 28 42
  So–Do 8–24, Fr bis 16, Sa 18.30–24 Uhr

VEGAN & VEGETARISCH

Opa €€ 📖 D6

Strikt vegane Küche, Bistro im minimalistischen Design. Die junge Köchin Shirel Berger mischt und schnippelt Gemüse, Obst, Kräuter und Nüsse hauptsächlich regionalen Ursprungs immer neu zusammen und kocht daraus ein abwechslungsreiches Menü.

• HaKhalutzim St 8 | Zentrum-Florentin
  Bus Yafo Rd/Nahalat Binyamin

Tel. 052-583 82 45
www.opatlv.co.il
Mo–Fr 19–24 Uhr

Bana € 📖 E5

Modern und hell ist dieses freundliche Eckrestaurant, in dem vegetarische und vegane Gerichte im Israeli-Style hübsch angerichtet serviert werden. Ziemlich originelle Zusammenstellungen, Quiches und Bowls. Mo–Do Happy Hour mit 25 % Rabatt.

• Nahmani St 36 | Zentrum
  Bus Yehuda Halevi/Nahmani
  Tel. 050-699 10 62 | www.banatlv.com
  Mo–Do 12–16.30, 17–23, Fr ab 10,
  Sa ab 11 Uhr

Birenbaum Café € 📖 D5

Gute Gegend, gute Auswahl und ausschließlich vegetarisch oder vegan ist das Speiseangebot im schlichten Birenbaum, das seit 1962 besteht und zunächst ein reines Café war. Kuchen wird immer noch angeboten.

💬 **DER KIOSK**

In Frankfurt heißt ein Kiosk »Wasserhäuschen« aus genau dem gleichen Grund, warum der Kiosk in Tel Aviv erfunden wurde bzw. noch viel früher: der Sabil, ein Kiosk aus der muslimisch-osmanischen Zeit (wie in Akko > S. 137). Hier gab es sauberes Wasser und Erfrischungsgetränke. In Tel Aviv hat sich der Kiosk aus seinem schnöden Dasein als Versorgungsstation befreit und sich zum gesellschaftlichen Mittelpunkt entwickelt, wie er geselliger nicht sein kann: Es gibt Kuchen und frisch belegte Sandwiches, Kaffee, Säfte > mehr S. 14 Punkt ⓭ und Softdrinks, manchmal auch Sushi, ein paar Bänke, Stühle und Tische für alle, oder man setzt sich einfach auf den Rasen. Die Kioske in Tel Avivs Straßenbild sind lässig und hübsch, besonders auf den Boulevards Rothschild, Ben Tsiyon und Ben Gurion. Unten am Mosaikbrunnen von Nahum Gutman > S. 102 steht der erste seiner Art. Heute ist in dem alten verschnörkelten Holzpavillon eine italienische Eisdiele untergebracht.

Doch was auch immer in dem Kiosk angeboten wird, das Originalaussehen und den Originalschwengel für das Trinkwasser muss er beibehalten.

Bino Gabso von Dr. Shakshuka ist ein Meister dieses israelischen Nationalgerichts

• Nahalat Binyamin St 31 | Zentrum
Bus Allenby/Montefiore
Tel. 03-560 00 66 | So–Fr 6.30–16 Uhr

CAFÉS

Benedict €€ 📱 D5
Für Frühstücksfanatiker ein Klassiker, und
obligatorisch sind natürlich die Eggs Bene-
dict. Hier gibt's rund um die Uhr verschie-
dene Frühstücksmenüs und ein Büffet. Ein
Must im New York Style mit großer Theke
und moderner Einrichtung. › mehr S. 14
Punkt ⑭
• Rothschild Blvd 29 | Zentrum
Bus Rothschild Blvd/Allenby
Tel. 03-686 86 57 | www.benedict.co.il
Tgl. 24 Std. geöffnet

Dallal Bakery €€ 📱 C6
Das Café mit Terrasse ganz in der Nähe
des Suzanne Dellal Center bietet neben

Kuchenspezialitäten aus der eigenen
Bäckerei auch kleine Mittagsgerichte an.
• Kol Israel Haverim St 7 | Neve Tzedek
Bus Koifman/Shenkar
Tel. 03-510 92 92
dallal.co.il
So–Do 7–20.30, Fr bis 17 Uhr

Yonita € 📱 D5
In diesem (koscheren) Café ist das israe-
lische Frühstück ganz besonders lecker,
Salat und Oliven mit reichlich Eierspeisen,
dazu frisch gepresste Fruchtsäfte und
Limonaden aus eigener Herstellung. Viele
schattige Sitzplätze draußen; drinnen ge-
kachelt und während der Künstlermarkt-
tage › S. 77 ziemlich trubelig.
• Nahalat Binyamin St 12 | Zentrum
Bus Allenby/Balfour
Tel. 052-656 92 89
So–Do 9–19, Fr bis 15 Uhr

SHOPPING

Shoppen könnte in Tel Aviv zur Hauptbeschäftigung werden, wenn das meist strahlende Sonnenwetter nicht etwas Besseres, nämlich Strand und Schlendern, verhieße. Nicht anzutreffen sind überfüllte Kaufhäuser mit Dudelmusik und permanent genervte Verkäufer/innen, nicht anzutreffen ist das ewig Gleiche, das man schon zu kennen meint.

Wer inhabergeführte kleine Läden schätzt, sich an jungen, innovativen Juwelieren erfreut, Marktgewühl liebt, gepflegte Auslagen ebenso wie minimalistische Kunstgalerien und mit Stoffballen vollgestellte Schaufenster mag, schlicht: die Abwechslung, der hat an der Stadt seine helle Freude. Es gibt viele Viertel und Straßen, die sich fürs Einkaufen empfehlen, die Dizengoff Street etwa, aber auch die Gordon Street, die Nahalat Binyamin, die King George Street, die gesamte Umgebung des Flohmarktes von Jaffa und die Ben Yehuda Street.

SCHMUCK & KUNSTHANDWERK

Agas & Tomar ▦ C6
Die beiden Designer kombinieren ganz unaufgeregt antike Vorlagen mit modernen Formen. Das Ergebnis ist meist schlicht, besonders und schön. Neben mattem Gold kommen auch Halbedelsteine zum Einsatz.
• Shabazi St 43 | Neve Tzedek
  Bus Koifman/Shenkar

Hadas Gross ▦ D4
Der Laden im Souterrain ist eher ein Gang als ein Raum, und die Entwürfe sind allesamt zart, leicht verschnörkelt und hell.
• King George St 33 | Zentrum
  Bus King George St | HaHasmonai'im

Hagar Satat ▦ C6
Die Schmuckdesignerin verwendet hauptsächlich Silber und Gold, die Sachen sind modern, auffällig, aber eher nüchtern und ein bisschen rockig. Hat ihren Laden u. a. in HaTachana > S. 81.
• Kaufmann St 1 | Neve Tzedek
  Bus Koifman/Goldman

NG Jewelry Netanel Ohayon ▦ B8
Sein Laden erinnert ein wenig an ein Boudoir mit Werkbank, ein bisschen plüschig, ein bisschen Flohmarkt, der Schmuck ist eher verspielt. Verkauft auch Mode und Taschen.
• Yefet St 30 | Jaffa
  Bus Yefet/Ami'ad

Wise Versa ▦ B8
Versteckt in einer kleinen Nische der Altstadt von Jaffa liegt diese hübsche Schmuck- und Accessoire-Boutique im verlockenden Flohmarktstil. Der Geschmack ist eklektisch, orientalisch. Führen auch die minimalistischen klassischschönen, zarten Kleiderentwürfe der Designerin Sharon Brunsher.
• Ami'ad St 13/Olei Zion St 8 | Jaffa
  Bus Flea Market/Yefet

DESIGN
Papier ▦ E2
Ein ganzes Geschäft nur für Papier, für weißes, für bedrucktes, für Bleistifte, für

Notizbücher, für Lampen, für Bilderrahmen und Schreibblöcke in einer minimalistisch gestylten Umgebung. Schlicht, schön und nicht billig. > mehr S. 17 Punkt **34**
• David HaMelech Blvd 1 | Alter Norden
  Bus Rabin Square/Ibn Gabirol

Asufa ▌ C8

Ein Designladen mit Objekten, die man im Koffer transportieren kann. Nur von israelischen Künstlern produziert. Kissenhüllen, Wandobjekte, Bilder, Tassen, T-Shirts und Papierobjekte. > mehr S. 18 Punkt **35**
• Nakhman St 2 | Jaffa
  Bus Yefet/Ami'ad

Saga ▌ B8

Israelisches Design für Möbel, Home-Accessoires und Geschirr stellt der Laden in seinen lichten Räumen aus, dazu auch Schmuck und Objekte aus Glas. Gleich nebenan gibt's ein angesagtes Bistro-Café mit dem gleichen Namen, das tagsüber geöffnet hat.
• Rabi Pinkhas St 4 | Jaffa
  Bus Flea Market/Yefet

GALERIEN

Entlang der Gordon Street ▌ C–D2 und in der nahe gelegenen Ben Yehuda Street ▌ C2–4 haben sich viele Galerien niedergelassen – hier ist Tel Avis Gallery District.

Ben Ami Art Gallery ▌ D6

Überraschungen sind garantiert bei dieser Galerie, die jede Kunstrichtung ausstellt. Angeschlossen ist ein quirliges Café.
• HaHashmal St 12
  Zentrum
  Bus Electricity Company/Begin Road

Teppich gefällig? Rund um den Flohmarkt in Jaffa gibt es wunderbare orientalische Läden

MARKTBUMMEL

- Dienstags und freitags zeigen Künstler/innen auf der **Nahalat Binyamin Street,** was sie so draufhaben mit Filz, Wolle, Glas, Leder, Holz, Silberdraht und Swarovski-Steinen. Alle Waren unterliegen einer Qualitätskontrolle. Straßenmusiker und -performer sorgen für zusätzliche Stimmung, Szene-Cafés und -restaurants nehmen Pausierer auf. > S. 77
- Auf dem **Jaffa Flea Market** herrscht jede Menge Stimmung, die Waren, die hier angeboten werden, sind aber eher Trödel. Um den Flohmarkt herum liegen allerdings wunderbare orientalische Basare, außerdem Boutiquen und Cafés. > S. 91
- Das Dorado für Gewürzliebhaber und einer der Lieblingsmärkte von Köchen ist der **Levinsky-Markt** in der Nähe des Florentin-Viertels, denn hier gibt's die ganze Palette: Harissa, Sumach, Zatar, Chili, Nüsse, Backwaren ... Wird immer beliebter und auch schicker. > S. 98
- Frisches Obst und Gemüse, israelische Spezialitäten wie Halva und Trockenfrüchte, Käsestände, Wein- und Kaffeespezialitäten sind auf dem **Sarona-Markt** im sanft beleuchteten Erdgeschoss eines Hochhauses nur die halbe Miete. Hier trifft man sich auch zum Essen an verschiedenen Streetfood-Bars. > S. 108

Gordon Gallery 📘 D8

Eine der traditionsreichsten Galerien der Stadt, die hauptsächlich junge israelische Künstler ausstellt und Künstlergespräche veranstaltet.

- HaZerem St 5
  zwischen Florentin und Jaffa
  Bus Shlaim/HaTehya

Stern Gallery 📘 C2

Die traditionsreiche Stern Gallery konzentriert sich auf klassische israelische sowie jüdische Kunst und Gemälde aus den Zeiten zwischen den beiden Weltkriegen, hat aber auch viele junge israelische Künstler und unterhält eine Restaurationswerkstatt. Zurzeit wird das Haus renoviert, man kann aber Termine vereinbaren (Tel. 03-5246303, www.sterngallery.art).

- Gordon St 30 | Alter Norden
  Bus Ben Yehuda | Gordon

Tiny Tiny Gallery 📘 D7

Macht ihrem Namen alle Ehre, sie ist wirklich winzig! Und kann eigentlich nur ein Objekt ausstellen, wenn es raumgreifend ausgefallen ist.

- Florentin St 18 | Florentin
  Bus Shlomo Road/Ben Atar

Under 1000 📘 D7

Der Name meint: Alle angebotenen Kunstobjekte in dieser lässigen Galerie sind für unter 1000 US-$ zu bekommen. Es handelt sich dabei um Originalobjekte israelischer Künstler.

- Abarbanel St 60 | Florentin
  Bus Eilat/Chelouche

LEBENSMITTEL & FEINKOST
Abouelafia 📘 C7

Eine der traditionellsten arabischen Bäckereien in einem typischen Hallengewölbe an

Überall in der Stadt kann man kleine, individuelle Läden entdecken

der Yefet Street in Jaffa. Große Auswahl an Halva, Baklava, Kuchen, Challah. **> mehr S. 19 Punkt 40**

- Yefet St 7 | Jaffa
  Bus Flea Market/Yefet

Delicatessen E5

Schöner, beliebter Shop und ein Bistro-Café in der Nähe des Rothschild Boulevard.

- Yehuda HaLevi 79–81 | Zentrum
  Bus Rothschild Blvd/Balfour

Max Brenner E5

Hier gibt es ab 9 Uhr bis spät abends deliziöse Schokolade und Pralinen, und jedem Geschäft (auch im Sarona Center und im Old Port Tel Aviv) ist ein Bistro angeschlossen, in dem sich (fast) alles um diese Köstlichkeiten dreht. **> mehr S. 17 Punkt 33**

- Rothschild Blvd 45 | Zentrum
  Bus Rothschild Blvd/Balfour

Meshek Barzilay D5

Das hübsche, sommerliche vegane Gartenrestaurant hat auch eine Deli-Abteilung mit tollen lokalen Produkten und Smoothies.

- Ahad Ha'Am St 6 | Neve Tzedek
  Bus Midgal Shalom/Montefiore

STOFFE & MODE

Wer gerne schneidert und die schwindende Zahl an Stoffgeschäften bedauert, wird auf der Nahalat Binyamin D5–6 fündig: Die halbe schöne Straße lang reiht sich ein Stoffgeschäft ans nächste, und die meisten sehen äußerst urig aus. Borten, Litzen, Knöpfe gibt's in speziellen Läden. Die beste Adresse zum Flanieren und Boutiquenbesuchen ist die Dizengoff Street C1–E3.

Ata D5

War die erste jüdische Kleider- und Stofffabrik überhaupt. 1934 gegründet, produzierte sie vor allem feste, strapazierfähige Kleidung. Die Entwürfe, die den ersten Siedlern angemessen waren, sind jetzt wieder leicht abgewandelt in Mode. Klassisch, sportlich, praktisch und nachhaltig hergestellt. Gibt's in einem eigenen, skandinavisch gestylten Store.

• Allenby 93 | Zentrum
  Bus Allenby/Montefiore

Maskit  B8

Ruth Dayan, die Frau des früheren Verteidigungsministers Moshe Dayan, begründete die Haute Couture in der Stadt. Sie wollte den vielen emigrierten Schneiderinnen und Putzmacherinnen eine Perspektive in der neuen Heimat bieten. Maskit residiert heute in der Altstadt von Jaffa hinter hohen holzgeschnitzten Türen und wird von zwei Schülerinnen von Alexander McQueen geführt. Stilvorbilder sind bis heute Beduinenumhänge und jemenitische Stickerei.

Wüstenfarben, Stickarbeiten, hohe Qualität und schlichte Schnitte bestimmen die Kollektionen. Auch Schmuckboutique.

• HaTsorfim St 14
  Jaffa
  Bus Flea Market/Yefet

Q House of Basics c3

Ganz feine T-Shirts, Hemden, Kleider, zart und qualitätsvoll, aus Leinen, Gaze, Seidenjersey. Klassische Schnitte.

• Weizmann St 95
  Neuer Norden
  Bus Weizmann/Pinkas

LAX D1

Klassisch-modische Schuhe ohne Firlefanz oder Dekorationen, urban und clean. Die Schuhe sind handgemacht.

• Eibeschuetz St 10
  Alter Norden
  Bus Nordau Blvd/Yehoshua Bin Nun

Shoppingmall der ersten Stunde ist das Dizengoff Center

Chelsy True Closet ▮ E5

High-End-Fashion, Krimskrams, preiswerte Marken und Secondhand-Kleidung in loft-ähnlicher Atmosphäre. Die weißen Wände sind auch mal Ausstellungsfläche.

• Mikve Israel St 22 | Zentrum
  Bus Mikve Israel/Levontin

SHOPPINGMALLS

Dizengoff Center ▮ D3

Es gibt schickere und modernere Einkaufs-zentren als das Dizengoff Center von 1984 mit seinem spiralförmigen Aufbau, aber erstens ist die Auswahl hier sehr demokra-tisch – neben teuren Labels haben auch preiswertere Marken ihre Läden oder Stän-de – und zweitens gibt's einen guten Food Market mit internationalen Spezialitäten.

• Dizengoff St/Ecke King George St
  Zentrum
  Bus Dizengoff Center/Tchernichovksy

HaTachana ▮ C6

Auf dem (autofreien) Gelände des umge-bauten historischen Bahnhofs zwischen Neve Tzedek und Jaffa gibt es eine ganze Reihe origineller Geschäfte. Zusammen mit den Cafés und Bars ist HaTachana ein ver-gnügliches Zentrum für sich unter freiem Himmel. › S. 81

TLV Fashion Mall ▮ F4

Eine Fülle europäischer, nordamerikani-scher und israelischer Marken von High End bis Young Fashion, außerdem Schmuck, Kosmetika, Parfüm und Sportmode von Nike und Adidas reihen sich in dieser ele-ganten Mall aneinander, die im Dreieck von HaHashmonaim, Carlebach und Menachem Begin Street liegt. Dachterrasse, Pool.

• Carlebach St 6, HaHashmonaim St 96,
  Menachem Begin St 97 | Zentrum
  Bus HaHashmonaim/Carlebach

AM ABEND

Sechs Prozent des Stadthaushaltes wandern in die Kultur im Gegensatz zu dem einen Prozent, das der Staatshaushalt aufbietet. Darauf ist Bür-germeister Ron Huldai ganz besonders stolz. Kultur ist die Essenz der Stadt, sagt er, und das spürt man in jedem Winkel.

Die Museen sind nicht nur Museen, sie sind auch abendliche Diskussions-Lecture- und Performance-Foren, es gibt zahlreiche Theater, Art Center, Konzertbühnen. Das ist das eine. Das andere ist, dass Tel Aviv als Partystadt ohnegleichen gefeiert wird. Das ist sie tatsächlich nicht nur abends oder nachts, das ist sie eigentlich auch am Tag. Rekordverdächtig hoch liegt die Zahl der Bars, Klubs, Pubs und Restaurants – auf jeden 321. Einwohner kommt eines. Die Party beginnt mit der Happy Hour – wer da schon, z. B. im Port Said › S. 39, einen Platz ergattert hat, kann im Prinzip sitzen bleiben, denn der Übergang von Café, Happy Hour, Dinner und DJ-Performance fließt ineinander. Auch Hotel-Dachterrassen verwandeln sich in DJ-Büh-nen. Nonstop City eben. Einfach unwiderstehlich. Obwohl: Kenner sagen, die besten Partys finden hinter unbekannten Türen statt.

KLASSISCHE MUSIK, THEATER & TANZ

Charles Bronfman Auditorium 🏛 E3

Der größte Konzertsaal Israels mit über 2400 Plätzen und Heimat des Israel Philharmonic Orchestra. Hochrangigste Gastspiele in einem Palast der Moderne neben dem HaBima Theater.

- Huberman St 1 | Zentrum
  Bus HaBima/Ben Tsiyon Blvd
  Tel. 03-621 17 77
  www.ipo.co.il

Gesher Theater 🏛 C7

Von russischen Immigranten 1991 gegründet, will das Theater mit seiner Arbeit Brücken (*gesher* auf Hebräisch) schlagen zwischen den verschiedenen Herkunftsländern der Juden. Die Aufführungen sind immer mehrsprachig untertitelt.

- Jerusalem Blvd 9 | Jaffa
  Bus Koifman/Goldmann
  Tel. 03-515 70 00
  www.gesher-theatre.co.il

Habait Theater 🏛 B8

Will Theaterkonzepten und Live-Performances Platz bieten, die sich gegenläufig zum Mainstream verstehen. Befindet sich im Nissan Nativ Acting Studio.

- No'am St 5 | Jaffa
  Bus Jerusalem Blvd/Ben Tsvi Rd
  Tel. 03-905 44 21
  www.habait-theatre.org.il

HaBima Theater 🏛 E3

Das israelische Nationaltheater erwuchs aus den Wurzeln des russischen Theaters, das Immigranten aus Moskau bereits in den 1930er-Jahren mitbrachten. Seit 2009 sind die Stücke des ersten hebräischsprachigen Theaters der Welt in einem rasanten Neubau mit vier Sälen zu bewundern.

Auch Aufführungen auf Englisch bzw. englisch untertitelt.

- HaBima Square | Zentrum
  Bus HaBima/Ben Tsiyon Blvd
  Tel. 03-629 55 55
  www.habima.co.il (nur auf Hebräisch)

Jaffa Theater 🏛 B8

Das arabisch-jüdische Theater in einem alten Gewölbebau in Jaffa ist etwas wirklich Besonderes, vermutlich Einzigartiges: Es hat jeweils ein arabisches und ein jüdisches Ensemble, die ihre Programme entwickeln und auch gemeinsam auftreten.

- Mifraz Shlomo Promenade 10 | Jaffa
  Bus Flea Market/Yefet
  Tel. 03-518 55 63
  www.arab-hebrew-theatre.org.il

Suzanne Dellal Center 🏛 C6

Der Tempel für zeitgenössischen israelischen Tanz, aber auch für High-Class-Produktionen der ganzen Welt. Entstand aus drei alten Schulgebäuden, die renoviert und erhalten werden mussten – mit einem schönen Orangenbaum-Patio. Heimat der weltberühmten **Batsheva Dance Company** und dem Inbal Dance Theatre. Rund 600 Aufführungen pro Jahr. › mehr S. 16 Punkt ㉓

- Yehieli St 5 (Eingang Shabazi St)
  Neve Tzedek | Bus Koifman/Shenkar
  Tel. 03-510 56 56
  www.suzannedellal.org.il

Israel Chamber Orchestra

Das neben dem Israel Philharmonic Orchestra bedeutendste Orchester Israels wurde 1965 von Gary Bertini (1927–2005) gegründet. Hat keinen festen Aufführungsort, gastiert aber meist im Recanati-Saal des Tel Aviv Museum of Art › **S. 111.** Die spektakulärste und kontrovers diskutierte

Eine neue Konzertsaal-Akustik im Charles Bronfman Auditorium realisierte Yasuhisa Toyota

Aktion des Orchesters war 2011 die Einspielung von Wagner-Opern in Bayreuth.
- Tel. 03-518 88 45 |
  www.ico.co.il

Tel Aviv Performing Arts Center 📖 F2

Liegt neben dem Museum of Art ebenfalls in einem aufsehenerregenden Gebäudekomplex und beherbergt die **israelische Oper** (www.israel-opera.co.il), das einzige Opernhaus in Israel, und das **Cameri Theatre** (www.cameri.co.il), das Stadttheater mit etwa zehn Produktionen jährlich. Für Aufführungen stehen vier Säle zur Verfügung, der größte mit immerhin 930 Sitzplätzen. Hat spezielle Programme für Begegnungen mit palästinensischen Zuschauern, ebenso für Behinderte.
- Sha'ul HaMelech Blvd 19
  Zentrum-Sarona
  Bus Court House/Sha'ul HaMelech Blvd
  Tel. 03- 692 77 16

Tmu-na Theater 📖 G4

Freies Theater-und Performancezentrum, das mit dem Goethe-Institut und den Theatern in Krefeld und Mönchengladbach zusammenarbeitet. Fast täglich Aufführungen und Ausstellungen.
- Soncino St 8 | Zentrum-Sarona
  Bus HaMasger/Ben Avigdor
  Tel. 03-561 12 11
  www.tmu-na.org.il

JAZZ

Shablul 📖 F4

Renommierter Jazzklub mit Restaurant, in dem sich die Jazzszene Israels und internationale Künstler treffen; abwechslungsreiches Programm.
- Carlebach St 23 | Zentrum-Sarona
  Bus HaHasmonaim/Carlebach
  Tel. 03-546 18 91
  www.shabluljazz.com
  Tgl. ab 20 Uhr

Beit Haamudim  D5

Super stimmungsvoller, intimer Jazzklub mit Livekonzerten und Spontanauftritten. Man kann hier auch tagsüber etwas essen.

- Rambam St 14 | Zentrum
  Bus Allenby/Balfour
  Tel. 03-510 92 28
  www.facebook.com/BeitHaamudim
  So–Do ab 12, Fr ab 9, Sa ab 19,
  Konzerte ab 19 Uhr

KLUBS, BARS & UNDERGROUND
Barby Club  D7/8

Fast jeden Abend Auftritte lokaler und internationaler Künstler (z. B. Calexico) unterschiedlicher Stilrichtungen – Pop, Jazz, viel Indie. Der Saal hat Platz für 600 Zuschauer.

- Kibbutz Galuyot Rd 52 | Shapira
  Bus Shoken/Kibbutz Galuyot Rd
  Tel. 03-518 81 23
  www.barby.co.il

Kuli Alma  E5

Toller Underground-Klub und wie das Teder ⟩ S. 51 von Radio-DJ's gegründet, aber auch Liveacts. Graffitis zieren die Wände der zwei Bars und der Lounge.

- Mikve Israel St 10 | Zentrum
  Bus Mikve Israel/Levontin
  Tel. 03-656 51 55 | kulialma.com
  Tgl. ab 21 Uhr

Lima Lima Bar  D5

Bar und Klub für verschiedene Stilrichtungen, Hip-Hop, Indie, Reggaeton, aber das Beste sind die Sonntage, wenn die Eurofalsh Show läuft: Alle ESC-Siegertitel der gefühlt letzten 50 Jahre werden einer herrlichen Persiflage unterzogen.

- Lilienblum St 42 | Zentrum
  Bus Rothschild Blvd/Allenby
  Tel. 054-246 79 06
  www.facebook.com/LimaLimaBar
  Tgl. ab 20 Uhr

Das HaBima Theater ist ein Spiegel der hebräischen Sprache und Kultur

OzenBar 📖 D3

Klub, Café und intime Bühne für Live-Auftritte jeglicher Couleur von Folk bis zu Hip-Hop und Singer/Songwriter. Dazu ein Bistro für Drinks und kleine Gerichte.

- King George St 48
  Alter Norden
  Bus Ben Tsiyon Blvd/King George
  Tel. 03-621 52 08
  www.facebook.com/Ozenbar
  Tgl. 8–3 Uhr

Salon Berlin 📖 D4

Berlin ist der Sehnsuchtsort vieler junger Tel Aviver, klar, dass ein Ort in Tel Aviv so heißen muss. Man kann auch draußen sitzen. Lebhaft, einfach, auch vegane Kleinigkeiten zum Essen, Bier – für alle.

- Najara St 15 | Zentrum
  Bus Allenby/Yona HaNavi
  Tel. 03-510 21 26
  www.facebook.com/SalonBerlinTLV
  Tgl. 12–3 Uhr

Pasáž 📖 D5

Richtig gute und zentrale, leicht raue Adresse in einer Untergrundpassage; coole Stimmung, Preise nicht so hoch, jeden Tag ein anderes Programm, auch arabische Musik z. B., aber der Fokus liegt auf Hip-Hop und Rap.

- Allenby St 94
  Zentrum
  Bus Allenby/Montefiore
  Tel. 03-560 36 36 | Tgl. Ab 21 Uhr

Shpagat 📖 D5

Sieht super aus, die Theke dieser Bar, die von vielen Schwulen besucht wird. Wird oft voll, dann feiert man auf der Straße weiter.

- Nahalat Binyamin St 43
  Zentrum
  Bus Allenby | Montefiore

Tel. 03-560 17 58
www.facebook.com/shpagatlv
Tgl. ab 18 Uhr

Sputnik Bar 📖 D5

Modisch vertrödelt und leicht chaotisch kommt diese Location daher, ein in Tel Aviv üblicher Mix aus Bar, Bistro, Kunst an den Wänden, DJ-Auftritten und Drinks. Oft rappelvoll, deswegen ist eine Reservierung keine schlechte Idee.

- Allenby St 122 | Zentrum
  Bus Rothschild Blvd/Allenby
  Tel 052-642 65 32
  www.facebook.com/sputnikTLV/
  So–Do ab 19, Fr ab 21 Uhr

Teder F.M. 📖 D6

Entstand aus der Initiative Tel Aviver Radio-DJ's, sich einen festen Platz zum Auflegen zu schaffen. Ist *die* Adresse zum Feiern – liegt in einem Innenhof. Und obendrüber auf der Galerie, im Romano > S. 39, gibt's Pizza von Szenekoch Eyal Shani. Und manchmal auch Kino.

- Jaffa Rd 9 | Zentrum-Florentin
  Bus Jaffa Road/Herzl
  Tel. 03-571 96 22
  www.teder.fm
  Mo–Do ab 19, Fr ab 21, Sa ab 16 Uhr

The Block 📖 F7

Legendärer Underground-Klub, der internationale Auszeichnungen als beste Klub-Location nur so auf sich häuft. Wirbt damit, das Berghain Tel Avivs zu sein. Die Adresse ist rau und passend: bei der viel geschmähten Central Bus Station. Handyverbot!

- Shalma Rd 157 | Shapira
  Bus Shalma Road/Ba'al HaAkeda
  Tel. 03-537 80 02
  www.block-club.com
  Tgl. ab 22.30 Uhr

Der Magen David Square ist die Eingangspforte zum Carmel-Markt, dem Vater der Märkte in Tel Aviv

LAND & LEUTE

STECKBRIEF

- **Tel Aviv-Yafo:** Nach Jerusalem die zweitgrößte Stadt Israels; Wirtschafts- und Kulturmetropole des Landes, Sitz zahlreicher Botschaften

- **Geografische Lage:** 32°2'43'' nördl. Breite, 34°46'11'' östl. Länge
- **Fläche Stadtgebiet:** 52 km²
- **Einwohner:** 451 520 (2018), davon rund 91 % Juden
- **Bevölkerungsdichte:** 8600/km²
- **Offizielle Sprachen:** Hebräisch, Arabisch
- **Landesvorwahl:** +972
- **Währung:** Neuer Israelischer Schekel (NIS) = 100 Agorot
- **Zeitzone:** UTC +2

LAGE & LANDSCHAFT

Die Stadt auf 13 m Höhe wird im Westen vom Mittelmeer begrenzt und befindet sich im größten Ballungsgebiet (um die 3,9 Mio. Einw.) von Israel. Der Küstenstreifen wird v. a. für die Landwirtschaft genutzt; die Region um Tel Aviv gilt als eine der fruchtbarsten des Landes.

Die von sanften Hügeln durchzogene Stadt weist ausgedehnte Parks und Grünflächen auf, z. B. den Ha-Yarkon Park am Fluss Yarkon, Tel Avivs »grüne Lunge«, und einen 14 km langen Strand.

STAAT & POLITIK

Der Staat Israel ist der einzige Staat der Welt, in dem die Mehrheit der Bevölkerung dem Judentum angehört. In starkem Kontrast zur Regierungspolitik unter Ministerpräsident Benjamin Netanjahu steht in Tel Aviv seit 1998 ein Bürgermeister der sozialdemokratischen Awoda, der charismatische und kluge Ron Huldai, an der Spitze des Stadtparlaments. Der 1949 geborene Huldai gewann 2018 seine fünfte Amtszeit souverän gegen die linke Liste des Komödianten Assaf Harel von Ananchnu Ha'ir (»Wir sind die Stadt«). Diese holte vier Sitze, die neue arabische Jaffa-Liste einen. Die lokale Likud-Partei, die Wahlkampf vor allem mit der »Angst gegen andere« betrieb und sich für die Ausweisung afrikanischer Immigranten im Süden Tel Avivs eingesetzt hatte, bekam nur ein Mandat.

Ron Huldai wendet sich gegen die Diskriminierung von Afrikanern und Flüchtlingen, verbittet sich nationale Einmischung in seine Kulturpolitik, will den öffentlichen Nahverkehr an Shabbat stärken und ebenso den Einsatz von arabischen Sammeltaxis auf Buslinien fördern. In seinen Amtszeiten entwickelte sich Tel Aviv zum »Silicon Wadi«. Die Bewohner von Tel Aviv und Jaffa beklagen jedoch eine zunehmende Gentrifizierung.

WIRTSCHAFT

Tel Aviv trägt seinen Namen »Silicon Wadi« nicht zu Unrecht, es hat mit 1700 Start-ups pro Jahr die sicherlich größte Pro-Kopf-Dichte an solchen Unternehmen in der Welt. Das *Wall Street Journal* ermittelte den zweiten Rang an Innovation hinter dem kolumbianischen Medellín und noch vor New York; der Staat investiert sehr viel Geld in Forschung und Innovation. Dafür steht auch das »DLD Tel Aviv Innovation Festival«, das alljährlich im September stattfindet und von Hightech-Größen, Unternehmern und Investoren aus der ganzen Welt besucht wird. Der »Tel Aviv Cities Summit« wiederum vereint Think

Tanks, Bürgermeister von großen Städten auf der Suche nach innovativen Ideen und Investoren auf einem gemeinsamen Wissenschafts-, Kultur- und-Ideengipfel.

Der Dienstleistungssektor ist mit der stärkste, die Arbeitslosigkeit mit 4,4 % relativ gering, und mit 1748 Bars, Restaurants und Cafés dürfte Tel Aviv gleichfalls einen kleinen Rekord halten.

Die Metropole am Meer unterhält die einzige Börse des Landes, den Tel Aviv Stock Exchange, und auch die beiden bedeutendsten Banken haben hier ihren Firmensitz. Das Durchschnittseinkommen liegt vergleichsweise hoch.

Tel Aviv entwickelt sich derzeit zum Magneten als hippe Metropole. 2018 besuchten 2,2 Mio. internationale Gäste die Küstenstadt. Doch damit nicht genug: »Tel Aviv-Yafo 2030« heißt der Tourismusplan der Stadt, die damit zu einem der führenden urbanen Reiseziele der Welt werden soll.

Auf Hebräisch, Arabisch und Englisch beschriftet ist das Straßenschild in Neve Tzedek

GESCHICHTE IM ÜBERBLICK

Um 3500 v. Chr. Archäologische Ausgrabungen belegen eine Besiedlung auf dem Boden von Jaffa. Der bronzezeitliche Hafen ist einer der ältesten der Welt.

Ca. 2000 v. Chr. Erstmals schriftliche Erwähnung Jaffas (Ipu) auf ägyptischen Schrifttafeln.

Ca. 960 v. Chr. Unter phönizischer Herrschaft wird in Jerusalem der erste jüdische Tempel gebaut.

Ab 586 v. Chr. Herrschaft der Babylonier über das Gebiet. Die meisten jüdischen Einwohner müssen ins babylonische Exil.

Ab 333 v. Chr. Die Griechen unter Alexander dem Großen erobern Jaffa.

37 v. Chr. bis 395 Herrschaft der Römer. Judäa wird zum Vasallenstaat, Herodes zum König gekürt. Zerstörung des zweiten Tempels.

4. Jh. Unter Konstantin dem Großen wird Jaffa Bischofssitz, das Christentum wird zur Staatsreligion. Judäa ist bis Mitte des 5. Jh. weitgehend christianisiert.

Bis 640 Byzantinische Periode. Die jüdische Bevölkerung muss Massaker erleiden.

614 Zweite Eroberung Jaffas durch die Perser.

636 Jaffa wird von einem Heer unter dem Kalifen Omar erobert.

661 Die islamischen Omaijaden kommen an die Macht und regieren auch über Palästina. Weitere islamisch-arabische Feldzüge folgen, die letztendlich die christlichen Kreuzzüge provozieren.

1095 Der erste Kreuzzug. Jerusalem wird 1099 erobert, Juden und Muslime getötet.

1187 Niederlage der Kreuzfahrer, Sultan Saladin erobert Jaffa.

1228/1289 Jerusalem, Bethlehem und Nazareth werden unter christliche Kontrolle gestellt.

1492 Jüdische Sephardim, die in Spanien verfolgt werden, flüchten nach Palästina, in dem die Mamelucken herrschen.

1516 Osmanen erobern Palästina.

Ab 1860 Nordafrikanische Juden beginnen, sich in Jaffa anzusiedeln.

1880 Das jüdische Volk umfasst weltweit etwa 7,5 Mio. Nur 15 000 leben in Palästina, in Deutschland sind es 550 000, in Österreich-Ungarn 1,5 Mio. Die meisten leben in Polen, Litauen, Weißrussland, der Ukraine und Moldawien. Pogrome bedrohen sie.

1882 Jüdische Auswanderer treffen in Palästina ein, unterstützt von Baron Edmund de Rothschild.

1887 Aharon Chelouche gründet Neve Tzedek; es folgen weitere kleine jüdische Siedlungen, etwa Ahusat Bajit.

April 1909 Offizielle Gründung von Tel Aviv.

1925 Tel Aviv ist die Eingangspforte Palästinas für verfolgte Juden aus Europa und wächst rasch. Der erste Bürgermeister von Tel Aviv, Meir Dizengoff, beauftragt Patrick Geddes mit der Stadtplanung.

1929−1936 Blüte der Bauhaus-Architektur.

66 jüdische Familien gründeten 1909 die Siedlung Ahusat Bajit und damit Tel Aviv

1936 Die Briten zerstören einen Großteil von Jaffa. Es kommt zu blutigen Aufständen und Vertreibungen.

1939 Die Mandatsmacht Großbritannien entscheidet, den Juden die Einreise zu erschweren. Die Untergrundorganisation Irgun verübt Anschläge auf britische Einrichtungen und die Infrastruktur.

Ab 1939 Die meist illegale Zuwanderung der Juden nimmt während des Zweiten Weltkrieges rasant zu.

1947 Der UN-Teilungsplan wird von den Arabern abgelehnt.

1948 David Ben-Gurion ruft am 14. Mai den Staat Israel aus.

1950 Jaffa wird 1950 Tel Aviv unterstellt.

1956 Suezkrise.

Ab 1960 Tel Aviv wird neu gebaut; viele ältere Gebäude müssen neuen Hochhäusern weichen.

1964 Gründung der PLO.

1967 Sechstagekrieg.

1973 Jom-Kippur-Krieg.

1987 Erste Intifada (bis 1993).

1992 Yitzhak Rabin siegt mit seiner Arbeiterpartei bei den Wahlen zur Knesset. Geheimverhandlungen mit der PLO. Teilautonomie für die Palästinenser.

1994 Friedensnobelpreis für Yitzhak Rabin, Shimon Peres und Jassir Arafat.

1995 Rabin wird während einer Friedenskundgebung von einem Mitglied der ultraorthodoxen Gemeinde erschossen.

1998 Ron Huldai wird zum Bürgermeister von Tel Aviv gewählt.

2000 Zweite Intifada (bis 2005)

2015 Auch Tel Aviv wird Ziel von Attacken der Palästinenser.

2018 Ron Huldai wird zum fünften Mal zum Bürgermeister gewählt.

2. März 2020 Nach der dritten Parlamentswahl binnen eines Jahres ist weiterhin keine Mehrheit für eine Regierung in Sicht.

DIE MENSCHEN

»Wenn ihr wollt, ist es kein Märchen« – aus dieser Philosophie nährte sich der Wunsch der Zionisten unter Theodor Herzl (1860–1904), einen eigenen Staat für die jüdische Bevölkerung aus allen Herren Länder zu schaffen. Die Bevölkerung Tel Avivs ist ein treues Abbild davon.

Neben vielen Immigranten aus Mittel-, Süd- und Osteuropa, die vor Pogromen und Vernichtung flohen, leben maghrebinische, iranische, äthiopische und jemenitische Juden in Tel Avivs Stadtvierteln, die bis in die 1960er-Jahre auch in ihren Grenzen weitgehend bewahrt wurden. Im Süden von Jaffa, dem traditionellen arabischen und zudem alten Teil des Doppelgebildes Tel Aviv-Yafo, lebt überwiegend die arabische und heute außerdem die migrantische Bevölkerung.

Israelis legen großen Wert auf eine gute akademische Bildung – das Schul-, Universitäts- und Ausbildungswesen des Landes gilt als vorbildlich. Universitäten befinden sich in Tel Aviv und in der Stadt Ramat Gan im Bezirk Tel Aviv. Die Analphabetenrate liegt bei 3 %.

In jüngster Zeit wurden immer mehr Flüchtlinge aus Afrika sowie Asien aufgenommen, die sich vor allem im Süden Jaffas und um den zentralen Busbahnhof in der Levinsky Street ansiedelten.

Tel Aviv gilt als offene, lebensfrohe, junge, wirtschaftlich starke und – im Kontrast zu Jerusalem – als säkulare Stadt und ist eine internationale Hochburg der Homosexuellen.

KUNST & KULTUR

ARCHITEKTUR

In Weimar, in Dessau, aber auch in Tel Aviv wurde 2019 das 100-jährige Bestehen der Künstler-und Architektengruppe Bauhaus gefeiert. Seit 2003 als »Weiße Stadt« zum UNESCO-Weltkulturerbe gehörig, zählt Tel Aviv über 4000 Gebäude im »Internationalen Stil« in seinen Stadtgrenzen. Diese Ehrung erhielt es nicht nur als »Weiße«, sondern auch als »Gartenstadt«.

Die Architektur bezeugt eine Zeit, in der man schnell und preiswert Wohnraum schaffen musste für die vielen Juden, die aus allen Teilen Europas – von Pogromen bedroht – in das gelobte »Eretz Israel« strömten. So kurz nach dem Ende des Ersten Weltkriegs waren die Konzepte des Bauhauses die einzig gültigen, um dieses Ansinnen auch zu realisieren. Und so trafen sich zur Ausreise entschlossene junge Juden sogar im Bauhaus in Dessau, um sich dort zu informieren und zu studieren. Bis in die 1960er-Jahre

galt die Maxime, in Tel Aviv nach den Prinzipien des Bauhauses beziehungsweise im internationalen Stil zu bauen.

Zu den Architekten der ersten Stunde zählten Shlomo Oren-Weinberg,
Richard Kauffmann, Samuel Bickels und Arieh Sharon, der die Leiterin der
Webereiwerkstatt am Bauhaus, Gunda Stölzl, heiratete. Shmuel Mestechkin
studierte am Bauhaus in Dessau und nach dessen Schließung in Berlin. Tel
Aviv, Israel und das Bauhaus sind also auf eine sehr spezielle Art und Weise
miteinander verwoben.

Bauhaus war ein lebendiges Konzept, keine Architektur fürs Museum
oder Prachtentfaltung für die Ewigkeit. In den Häusern wurde gelebt, sie
wurden je nach den Bedürfnissen der Bewohner umgestaltet. In Tel Aviv
spricht man deshalb vom »internationalen Stil«, weil auch architektonische
Konzepte aus anderen Ländern einflossen und die besonderen klimatischen
und sozialen Voraussetzungen der Stadt berücksichtigt werden mussten. Im
gesamten Innenstadtraum verstreut finden sich unzählige Zitate dieses Stils,
die gerundeten Ecken, die Schiffsform, die Laubengänge, das helle transpa-
rente Material, die Fensterbänder als Zier, die Sachlichkeit. Sei es entlang des
Rothschild Boulevard, sei es im Florentin-Viertel.

Der internationale Stil war nur eine Form der »neuen« Architektur, eine
zweite waren die Garten- und Sozialsiedlungen als eigenständiges Kon-
strukt in einer Stadtfläche. Das kann man heute noch schön sehen in Kiryat

Bauhaus-Pathos ist den Tel Avivern fremd, hier wird in den Häusern ja zumeist gewohnt

Die »globale Stadt« wächst kühn in die Höhe

Meir, Frishman Street, Dov Hoz, entworfen von Arieh Sharon. Die Idee dazu stammte von dem Schotten Patrick Geddes.

Spannend sind aber auch architektonische Spuren, die das orientalische Erbe der Schwesterstadt Jaffa zitieren, wie z.B. das erste Rathaus von Tel Aviv › S. 74 und das Grüne Haus in der Yefet Street 91, die ganz bewusst Orient und Okzident miteinander verschmelzen. Oder der eklektizistische Stil – am besten übersetzt mit »von allem das Beste« –, der von den ersten Bewohnern gepflegt wurde. Viele dieser Gebäude sind in den vergangenen Jahren liebevoll restauriert und mit Plaketten versehen worden, auf denen in Hebräisch und Englisch ihre Geschichte erzählt wird.

Mit dem Shalom Meir Tower › S. 102 bekam Tel Aviv 1962 sein erstes Hochhaus. Eine heftig umstrittene Entscheidung, wurde dafür doch das erste Gymnasium im Nahen Osten, in dem Hebräisch gelehrt wurde, abgerissen, ein Herzensprojekt der ersten Einwohner › S. 103.

Emblematisch für die heutige Zeit ist die kühne Stadtarchitektur des HaBima Square › S. 108 und die blitzenden Azrieli Towers, drei an der Zahl, die sich im Norden der Stadt erheben. Sie haben den Grundriss der drei geometrischen Formen Kreis, Rechteck und Dreieck und messen 187, 169 und 154 m. Weitere spektakuläre Türme sind in Bau bzw. gerade fertiggestellt wie der Azrieli Sarona Tower und der Moshe Aviv Tower in Ramat Gan (mit 235 m zurzeit der höchste in Israel), denen sich noch ein spiralförmiger Azrieli Tower von 350 m Höhe hinzugesellen soll. Es werden immer mehr, der Stadtraum ist nahezu umzingelt.

Eher schlecht steht es um das architektonische Erbe Jaffas. Doch von verblichener orientalischer Pracht ist immer noch einiges zu sehen.

LITERATUR

Wenn es ein grundlegendes literarisches Werk über das junge Israel geben sollte, dann ist es »Eine Geschichte von Liebe und Finsternis« des 1939 in Jerusalem geborenen und im Dezember 2018 verstorbenen **Amos Oz**. In diesem 2006 auf Deutsch erschienenen autobiografischen Roman verwebt der Autor seine persönliche Geschichte mit der des jungen, entstehenden Israels. Kaum ein Aspekt bleibt in dieser sehr persönlichen Sicht ausgespart: Man sieht förmlich die Stadtviertel vor den Augen erwachsen, die Straßen, die Geschäfte, das Zusammenleben mit den Arabern, den Zwiespalt zwischen den intellektuellen Geflüchteten und den kraftbetonten Kibbuzniks. Man sieht den schwächlichen Menachim Begin, den Chef der Untergrundorganisation Irgun, den hoch dekorierten Held des Sechstageskriegs und späteren Ministerpräsidenten sein schlechtes, kaum verständliches Hebräisch sprechen, diese neue Sprache, die der jungen Nation Selbstbewusstsein und Identität geben sollte. Doch wer sprach schon Hebräisch? Man musste es erst noch lernen. Die Bewohner von Eretz Israel sprachen Russisch, Polnisch, Jiddisch, Spanisch, Arabisch. Nun musste eine Religion eine Nation begründen und wird dabei von Amos Oz beobachtet.

Ebenso wie Amos Oz, aber noch kompromissloser, setzt sich **Lizzie Doron** (geb. 1953) für ein friedliches Nebeneinander in der »gemeinsamen Zwei-Zimmer-Wohnung«, ein wie Oz das Zusammenleben mit den Palästinensern umschrieb. Mit ihren beiden letzten Veröffentlichungen hat sie für die israelische Regierung Tabubrüche begangen, indem sie von ihrer zaghaften Freundschaft zu einem palästinensischen Professor erzählt (»Who the Fuck Is Kafka«) und Interviews mit palästinensischen Attentätern ebenso wie mit ehemaligen Soldaten der israelischen Armee führt, die von ihren Traumatisierungen sprechen (»Sweet Occupation«). Beide Bücher haben keinen israelischen Verleger gefunden. Lizzie Doron, die vormals gefeierte

---

💬 CENTER FOR CONTEMPORARY ART

Dass es eine so lebendige Galerieszene in Tel Aviv gibt, ist sicherlich dem Center for Contemporary Art (CCA) zu verdanken. Aus einer Ausstellungshalle neben der Cinematheque erwuchs 1998 dieses Non-Profit-Projekt, um jungen Künstlern eine Plattform für jegliche Formen von experimenteller Kunst zu bieten und sie auf diese Weise zu fördern. Jährlich organisiert das CCA sechs Ausstellungen neben Festivals für Performance und Videokunst, veranstaltet Podiumsdiskussionen, Performances, Klubabende, Lesungen, Künstlergespräche, hat ein Videokunst-Archiv angelegt und beschäftigt sich mit Experimentalfilmen. Es residiert in der städtischen Rachel and Israel Pollack Gallery mitten im szenigen Zentrum der Stadt (Tsadok HaCohen St 2a, Bus Allenby/Balfour, Mo–Do 14–19, Fr, Sa 10–14 Uhr, cca.org.il).

Trägerin des Buchman-Preises, der von der Gedenkstätte Yad Vashem vergeben wird, wird, so berichtet sie in einem Interview, von ihren Kollegen geschnitten. Ihre Romane »Warum bist Du nicht vor dem Krieg gekommen«, »Ruhige Zeiten« und »Der Anfang von etwas Schönem« führen den Leser ebenso witzig wie sensibel und plastisch in jüdisch-israelische Lebenswelten ein und zeigen den Kampf, die alten jiddischen Identitäten in eine zukunftsbesessene israelische Welt zu überführen.

David Grossmann (geb. 1954) hat sich mit seinem Roman »Eine Frau flieht vor einer Nachricht« mit Sicherheit in den Kanon der weltbesten zeitgenössischen Autoren eingeschrieben, die sich den sozialpolitischen Herausforderungen ihrer Generation stellen. Darin erzählt er von Ofa, die während des Militäreinsatzes ihres Sohnes eine Wanderreise durch Israel antritt in der simplen Gewissheit, dass eine Nachricht von seinem Tod sie nicht erreichen kann, wenn sie nicht zu Hause sitzt und wartet. Wenn es keinen Empfänger gibt, gibt es auch keine Nachricht, so einfach ist das. »Was ist, wenn wir nicht mehr Herzls Traum von einem eigenen Judenstaat träumen wollen?«, fragt sich Ofa. Ihr kleiner Sohn möchte lieber Kanadier sein als Israeli, um diesen schlimmen Kriegen zu entgehen, doch dann schließt er sich begeistert den Militäreinsätzen an. Es sind diese Widersprüche, die Grossmanns Roman so reich machen.

Über die feministischen Romane von **Zeruya Shalev** (geb. 1959) hat ein Kritiker einmal geurteilt: »Sie hat vor nichts Angst.« Shalev spürt ohne Tabus den feinsten Verästelungen in den Gefühlen ihrer Protagonisten nach. Und obwohl ihre Werke (Piper, Berlin Verlag) auf den ersten Blick nicht vorrangig von den politischen Zuständen ihres Landes erzählen oder sie zum Thema machen, sind sie doch als Subtext jederzeit spürbar.

KINO

Das junge israelische Kino gehört derzeit zu den aufregendsten, die es gibt. Seine Produktionen werden auf internationalen Festivals immer wieder ausgezeichnet, wie z. B. zuletzt »Synonymes« auf der Berlinale 2019, davor »Lebanon« 2009 auf den Filmfestspielen in Venedig. Das Publikum und der Markt sind da: Die beiden Filmfestivals in Jerusalem und Haifa bieten den nationalen Produktionen eine Bühne.

Es gibt eine staatliche Filmförderung, die allerdings nach dem politischen Rechtsruck unter Benjamin Netanyahu nicht allzu glücklich über Themen und Ausrichtung der Spielfilme sein dürfte. Denn sie setzen sich sehr deutlich mit den herrschenden Gesetzmäßigkeiten der Gesellschaft auseinander: der oft brutale Einsatz im Militärdienst, die wachsende Unfreiheit des Einzelnen, der Feindbegriff, das Gefühl des Umzingeltseins und der Ausweglosigkeit. So »Waltz with Bashir« und »Lemon Tree« (2008), »Ajami« (2009), aber auch »Get – der Prozess der Viviane Ansalem« (2014), in dem es um ein Scheidungsbegehren vor dem Rabbinatsgericht geht.

Beliebt sind die israelischen Volkstänze im Freien, und alle können mitmachen

»Synonymes« (Nadav Lipid) zeigt, wie ein junger Israeli sich in Paris buchstäblich neu erfinden will, um seiner jüdischen Identität zu entfliehen, in »Foxtrot« (2017) dem Nachfolger von »Lebanon« (Samuel Maoz) trauert eine Familie um ihren während eines Militäreinsatzes getöteten Sohnes.

Ebenso wie die Literatur beschäftigt sich das Kino – oft mit ungewöhnlich innovativen Blicken und Mitteln – mit dem Verwurzeltsein in einem Traum, der zu Beginn den 20. Jhs. den Zionisten gehörte, aber sich für viele mittlerweile als Zwang darstellt. Was ist, wenn man diesen Traum nicht (mehr) träumen mag? Ist man dann ein Verräter, ein Nestbeschmutzer? Spannende Fragen, spannendes Kino.

TANZ(THEATER)

Israels Tanzszene gilt als innovativ, expressiv und sehr physisch. Das trifft vor allem zu auf »Mr. Gaga«, **Ohad Naharin,** dem aktuellen Leiter der **Batsheva Dance Company** und Erfinder der »Gaga-Methode«. Der zweite große Name ist **Sharon Eyal,** die 2019 den deutschen Theaterpreis DER FAUST für die beste Choreografie erhielt. Wer sich für modernes Tanztheater interessiert, findet im **Suzanne Dellal Center** ›S. 78 in Neve Tzedek eine überaus spannende Bühne.

In Karmiel, einem Dorf in Galiläa, findet alljährlich ein Festival einer ganz anderen Art statt – **Volkstänze** sind in Israel beliebt, offenbart sich doch in den Choreografien oftmals die Symbolik der unterschiedlichen Kulturen, die hier leben: Jemeniten, Bucharen, Araber, Kurden. Sie alle treffen sich, um dort ihre Choreografien zu präsentieren.

Rückbesinnung auf die eigenen Wurzeln, innovative Kreativität – zwischen diesen beiden Polen oszilliert die israelische Tanzkunst seit Beginn an. Das Sich-Vergewissern, das Fortentwickeln von Traditionen, aber gleichzeitig das Auffinden einer ganz neuen, performativen Körpersprache haben sich die Pionierinnen der modernen Tanzkunst vorgenommen – und die Wienerin **Gertrud Kraus** verkörperte sie, als sie 1935 nach Tel Aviv kam. Die **Batsheva Dance Company,** die den performativen Modern Dance weiterentwickelte, wurde 1964 von der Tanzlegende **Martha Graham** gemeinsam mit **Baronin Bethsabée de Rothschild** › S. 138 gegründet.

FESTE & VERANSTALTUNGEN

Man könnte meinen, Tel Aviv feiert ununterbrochen – Strandparty am Tag und ein Fest jede Nacht. Nicht zu vergessen sind die zahlreichen Feiertage, die nahezu allesamt religiösen Ursprungs sind.

FESTKALENDER

Februar: Beim jährlich stattfindenden, international besetzten **Tel Aviv Marathon** beläuft sich die Teilnehmerzahl auf rund 40 000 (www.tlvmarathon.co.il)

März: Das **Purim-Fest** erinnert an die Rettung der Juden aus der persischen Diaspora. Es ist ein Freudenfest, und zu diesem Anlass darf auch ganz offiziell ordentlich Wein konsumiert werden. Willkommener Anlass für Straßenpartys.

März/April: An die nächtliche Flucht aus dem ägyptischen Joch der Sklaverei erinnert **Pessach.** Am Vorabend wird das **Sedermahl** › S. 89 gefeiert, ein Essen, bei dem rituelle Speisen ebenso wie Wein auf den Tisch kommen.

Mai: Das führende internationale Dokumentarfilmfestival im Nahen Osten ist **DocAviv.** Zehn Tage lang werden Filme in hebräischer und englischer Sprache in der Cinematheque und Open Air gezeigt (www. docaviv.co.il). **Fresh Paint** heißt Ende Mai

ein sechstägiger Markt für zeitgenössische Kunst, an dem fast alle Galerien in Tel Aviv, das Kunstmuseum und das Holon Design Museum teilnehmen. Mit etwa 30 000 Besuchern ist es die bedeutendste Kunstmesse in Israel (www.freshpaint.co.il).

Juni: Jeweils im Juni wird die Stadt bei der **Tel Aviv Pride** eine Woche lang zur Bühne für eine spektakuläre LGBTQ-Party mit vielen Konzerten, Events, Strandpartys und der Pride Parade. Bei **Layla Lavan,** der »Weißen Nacht« Ende Juni, gibt es eine ganze Nacht lang kulturelle Veranstaltungen, offene Museen, Konzerte und Partys in der gesamten Stadt!

August/September: Der HaYarkon Park liefert die Kulisse für **Opera in the Park.** Eintritt frei, Decke und Picknick mitbringen.

September: Am Tag des **Open House** stehen den Besuchern ein Wochenende lang architektonisch und historisch bedeutsame Bauwerke zur Besichtigung offen (www. batim-il.org, www.openhouseworldwide.org).

org). Das zweitägige jüdische Neujahrsfest **Rosch Hashana** wird auch kulinarisch besonders begangen: Es gibt hauptsächlich Süßes, das soll Glück im kommenden Jahr verheißen.

September/Oktober: Erinnert an den biblischen Auszug aus Ägypten: Das **Laubhüttenfest Sukkot** ist ein heiteres Fest, das über zehn Tage gefeiert wird. Erster und letzter Sonntag sowie erster Montag sind Feiertage und beliebt für die letzten Sommerferientage. Während des Laubhüttenfestes heißt es »freie Fahrt« für Radfahrer. Hauptstraßen der City sind gesperrt. Erwartet werden alljährlich 30 000 Radfahrer.

Oktober: Zehn Tage nach **Rosch Hashana** wird der Versöhnungstag **Jom Kippur** begangen. Er ist der höchste Feiertag im jüdischen Kalender und hat seinen Ursprung in einem alten Entsühnungsritual. Am 25 Stunden währenden Feiertag fastet nahezu die gesamte jüdische Bevölkerung.

Das öffentliche Leben steht still, sogar der Flughafen bleibt gesperrt, weder Bars noch Restaurants sind geöffnet. Es gilt als unangemessen, in der Öffentlichkeit zu essen oder zu trinken. Er beginnt am Vortag um die Mittagszeit und endet am Feiertag zum Sonnenuntergang.

November/Dezember: Die Cinematheque und über den gesamten Stadtraum verteilte Bars sind Gastgeber für das dreitägige **Tel Aviv Jazz Festival** im November oder Dezember mit vielen israelischen und internationalen Stars der Szene (www.facebook.com/telavivjazzfest).

Dezember: Das traditionelle jüdische Lichterfest **Chanukka** vereint sich mit dem christlichen Weihnachtsfest zu **Chrismukka**. In Jaffa wird am Clock Tower ein Weihnachtsbaum erleuchtet. Das Viertel Neve Sha'nan lädt bei seinem **Night Light Festival** zu Performances, Lichtinstallationen, Partys und Spezialführungen ein.

Das Licht- und Straßenfestival Night Light feiert die kulturelle Vielfalt

KIBBUZIM & KIBBUZNIKS

Revolutionär – dieses Schlagwort beschreibt die Idee des Kibbuz wohl am besten. Gemeinschaftlich zu leben, zusammen etwas aufzubauen, Abkehr von traditionellen Rollenbildern, Unabhängigkeit von bestehenden gesellschaftlichen Strukturen sowie eine gelebte Basisdemokratie sind ihre prägenden Elemente. Diese Bewegung begann früh und ist auch mit dem Bauhaus in Dessau eng verknüpft.

AUF DER SUCHE NACH PERSPEKTIVEN

Kibbuzim sind wesentlich älter als der Staat Israel, eigentlich sind sie eine seiner tragenden Säulen. Bereits in den 1880er-Jahren diskutierten junge Juden besonders in den osteuropäischen Ländern über die Zukunftsperspektiven in ihrer Heimat und ihren Heimatbegriff, die durch grässliche Pogrome immer wieder infrage gestellt wurden. Juden wurden geteert, gefedert, gedemütigt, vertrieben, sie wurden Schikanen ausgesetzt und Opfer von Massakern. Konnte der Ort, in dem man das alles erdulden musste, Heimat sein? Oder lag sie woanders?

Die Elterngenerationen glaubten, sich ihre Existenz durch größtmögliche Assimilierung sichern zu können, doch meist bemühten sie sich ohne Erfolg. Obwohl hoch gebildet,

Für viele Kibbuzim ist die Landwirtschaft auch heute noch ein wichtiger Erwerbszweig

war ihnen das Studium verschlossen, waren berufliche Positionen für sie nicht erreichbar. Und das war noch das Geringste.

ZIONISTISCHE JUGENDBEWEGUNG

Ihre Kinder, wenn man das einmal schematisch vereinfacht, sahen in diesen Assimilierungen an die bestehenden Verhältnisse in der Diaspora keine gesellschaftliche Vision, die auf sie passte, auch begehrten sie gegen die patriarchalischen Strukturen der orthodoxen Schtetl-Juden in den Ländern Osteuropas auf. Der Zionismus unter Theodor Herzl schien gerade die jüngere Generation zu überzeugen. Zurück nach Israel, um dort in landwirtschaftlichen Kommunen den Boden zu bereiten für die Rückkehr ins Land der Väter, das war der Weg, den sie beschreiten wollten.

Die Landgebiete in Palästina stellte der Jüdische Nationalfonds > S. 125 zur Verfügung.

BAUHAUS DESSAU

Und hier kommt das Bauhaus Dessau ins Spiel, denn an ihm studierten jüdische Studenten, die bereits in Deutschland Kibbuzim gründeten wie Chanan Frenkel den »Cherut« (Freiheit) in Hameln, der 1928 in Palästina in den Kibbuz »Givat Brenner« zog. Auch Arieh Sharon, der später u. a. in Tel Aviv Arbeitersiedlungen an der Frishman Street baute, studierte am Bauhaus in Dessau. Der Bauhaus-Wunsch nach gesellschaftlichem Umbruch, der auch in der Architektur seinen Ausdruck finden sollte, nach baulicher Vereinfachung und Transparenz, nach Gleichberechtigung der Geschlechter und einem gemeinschaftlichen Leben, entsprach haargenau ihren eigenen Vorstellungen. Das Bauhaus bot ihnen darüber hinaus Platz, um sich auf die Hachschara, die Tauglichmachung, vorzubereiten, die sie zu landwirtschaftlichen Pionieren in Palästina machen sollte.

JUNGE KOLLEKTIVE

Von den 1920er-Jahren an siedelten sich junge Kollektive in Palästina an, um landwirtschaftliche Zellen aufzubauen. Das gesellschaftliche Leben diente der Gemeinschaft und der Fortbildung. Kinder blieben nicht bei ihren Eltern, die auf dem Land arbeiteten, sondern wurden von Kindergärten und Schulen aufgenommen. Die Kibbuzim nahmen Juden auf, die vor Pogromen und Verfolgungen geflüchtet waren, und integrierten sie in das neue Leben, bewegten sich damit aber am Rand der Illegalität. Sie mussten sich jedoch auch selbst schützen, denn die arabische Bevölkerung in Palästina wehrte sich gegen diese Inbesitznahme des Landes. In den 1930er-Jahren wurde dann die sogenannte Turm- und Palisadensiedlung konzipiert, Häuser in Fertigbauweise, die mitsamt Turm und Palisadenzaun innerhalb einer Nacht hochgezogen werden konnten.

ZWEIERLEI JUDENTUM

Amos Oz beschreibt in »Eine Geschichte von Liebe und Finsternis« ungeheuer spannend die Dualität innerhalb der jüdischen Bevölkerung Israels. Jerusalem erscheint darin als die Hochburg der konservativen orthodoxen Juden, die sich ihre Heimat in Wilna, Odessa, Wien, ihre glänzenden Kronleuchter, ihre Kaffeehäuser, ihre geschliffenen Debatten in Großbürgersalons, ihren Schnee und ihre Märchen zurückwünschten. Sie standen den braungebrannten Wilden aus den Kibbuzim und deren sozialistischen Idealen völlig ablehnend gegenüber.

Die Kibbuzim hingegen symbolisierten bis in die 1970er-Jahre hinein Aufbau, Arbeit, gemeinschaftlichen Besitz, Verteidigung und ein freies, unabhängiges Leben, eine Vision der Zukunft, nicht der Rückwärtsgewandtheit. Hier konnte man sich mit sozialistischen Ideen verbinden, ohne Ideologien ausgesetzt zu sein. Denn mit Totalitarismus hatten die Kibbuzniks nichts zu tun.

NEUE FORMEN DES ZUSAMMENLEBENS

Nun war es niemals so, als wäre Israel mit Kibbuzim übersät gewesen. Zur Zeit der Staatengründung 1948 lebten etwa acht Prozent der Israelis in einer solch landwirtschaftlichen Siedlung, heute sind es knapp zwei Prozent. Im Jahr 2019 gab es noch etwa 200 dieser Siedlungen mit rund 120 000 Mitgliedern, da in den 1980er- und 1990er-Jahren immer mehr Jugendliche den Kibbuz verließen, auch gerieten einige Kibbuzim nach Kürzung der Subventionen unter den nationalkonservativen Likud-Regierungen in finanzielle Schieflage und mussten aufgeben

oder sich nach anderen Erwerbsquellen umschauen. Ramat Rachel etwa, der legendäre Kibbuz am Rand von Jerusalem, der während des Unabhängigkeitskrieges beinahe vernichtet worden wäre, unterhält, wie viele andere auch, ein sehr gut besuchtes Hotel, zum Beispiel am See Genezareth.

Doch scheint sich gerade ein gegenläufiger Trend abzuzeichnen. Das liegt einerseits daran, dass bestimmte strenge Prinzipien, die zu Beginn der Bewegung vertreten wurden, sich im Alltag abgeschliffen haben. Gleiche Entlohnung etwa steht nicht mehr zur Debatte, die Kinder bleiben heute bei ihren Familien, werden in Kindergärten betreut und haben am Nachmittag nach der Schule Sport und kulturelle Veranstaltungen. Zum anderen bietet das Leben in einem Kibbuz gerade für junge Familien und Senioren viele Vorteile, von der guten sozialen und gesundheitlichen Betreuung bis zu garantiertem Wohnraum. Die Älteren können in ihren Wohnungen bleiben, die sie einmal zugewiesen bekommen haben.

MA'AGAN MICHAEL

Ein wirtschaftlich erfolgreiches Modell ist der Kibbuz Ma'agan Michael, etwa 70 km nördlich von Tel Aviv, auf einem weitläufigen Gelände mit Pinien- und Eukalyptusbäumen. Der Kibbuz verfügt über ein gut funktionierendes Car Sharing, und etwa 130 Kibbuz-Mitglieder von den 2000 Kibbuzniks insgesamt arbeiten außerhalb und bringen ihr Gehalt mit ein in die Gemeinschaftskasse.

Am Fischteich des Kibbuz Ma'agan Michael

Der Kibbuz hat Milchkühe, Avocado-, Bananen-, Papaya- und weitere Obstplantagen und eine erfolgreiche Fischzucht, doch die Haupteinnahmequelle ist das international agierende Unternehmen für Rohrverbindungselemente namens Plasson, das 1963 gegründet wurde und im Kibbuz 400 Mitarbeiter beschäftigt – die Hälfte davon sind Mitglieder. Es besteht die Möglichkeit, den Kibbuz zu besuchen, was einer Reise durch die Zeit gleicht: Auf der einen Seite sind all die alten Unterkünfte und Versammlungsplätze erhalten, die Kindergärten und Schuleinrichtungen, die Wäscherei, die Küche (nicht kosher) und der Speisesaal, andererseits reihen sich Einfamilienbungalows an der schönen Palmenküste entlang, stehen die blitzenden Anlagen der Fabrik.

KIBBUZIM MIT HOTELBETRIEB

- **Ginosar** am See Genezareth in der Nähe von Tiberias mit ausgeschilderter Zufahrt ist eine weitläufige Anlage mit mehreren Hotelblöcken, Garten und eigenem Strand am See. Unterhält auch einen landwirtschaftlichen Betrieb. Es gibt ein Restaurant, eine Bar, einen Souvenirladen, ein Fitnessstudio, einen Pool und im Ort einen Kibbuz-Supermarkt. ginosar.co.il (auch auf Deutsch).
- **En Gedi** am Toten Meer ist aus drei bescheidenen Holzbungalows erwachsen. Die Lage an der Nature Reserve > S. 133 ist wunderschön, das Hotel allerdings nicht billig. Modern, hell, großzügig, mit Pool. ein-gedi.co.il/de
- **Shalva Al Ha'ar Country Inn** im Kibbuz **Yiron** in den galiläischen Bergen mit Pool, schönem Garten und Restaurant. www.yiron.org.il

Eine der typischen Gassen rund um den Flohmarkt in Jaffas Altstadt

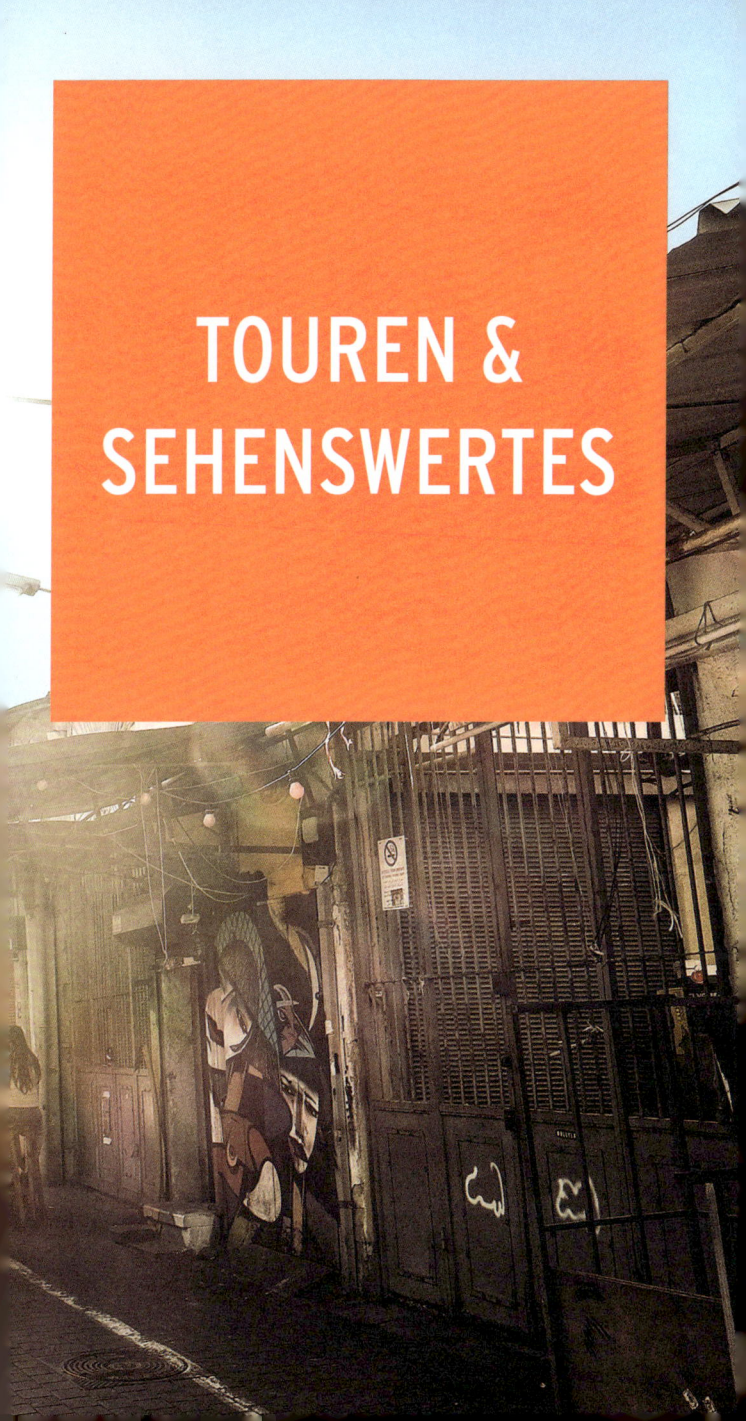

TOUREN &
SEHENSWERTES

MITTENDRIN IN TEL AVIV

Beste Flanier- und Shopping-Möglichkeiten bietet HaTachana, einst der erste Bahnhof der Stadt

Am besten lernt man Tel Aviv beim Schlendern kennen. In diesem Gebiet zwischen dem Alten Norden und Neve Tzedek trifft man auf einen ganzen Querschnitt junger Stadtgeschichte. Und wer will, schnuppert auch schon mal Strandluft.

Ein erstes Kennenlernen von Tel Aviv quer durch die Stadt ist eine Einladung an alle Sinne. Von der Zeit der Stadtgründung künden etwa architektonische Boten aus den 1920er-Jahren, blitzblanke Villen im orientalischen und verzierten Stil – den gab es nämlich auch in Tel Aviv – und frühes Bauhaus. Flanieralleen wie Ben Yehuda und Allenby Street > mehr S. 17 Punkt 29 mit ihrer Fülle an Cafés und Läden sehen heute natürlich anders aus, verbreiten aber immer noch eine schöne Geschäftigkeit und Vielfalt.

Auch der Strand ist nicht weit und immer einen Abstecher wert, und auf dem Carmel-Markt kann man sich anschließend in den Düften aus 1001 Nacht verlieren. Ihn gab es buchstäblich schon immer in Tel Aviv, er ist der Vater der Märkte der Stadt. Ihm schließt sich das jemenitische Viertel Kerem HaTeimanim an, wo der Ursprung des Marktes zu suchen ist.

Eine verloren geglaubte Perle ist Neve Tzedek, die »Oase der Gerechtigkeit«, eine der ersten Stadtinseln, die von maghrebinischen Juden ab den 80er-Jahren des 19. Jahrhunderts gegründet wurde. Ihre Villen und Häuser rettete die ehrgeizige Stadtplanung im Laufe der 1980er-Jahre vor dem Verfall – heute ist Neve Tzedek eines der hippsten (und leider auch teuersten) Viertel mit dem Suzanne Dellal Center und der Batsheva Dance Company als kulturellen Glanzpunkten.

Den Schlusspunkt dieser Tour setzt der zu einem Künstler-, Restaurant- und Bar-Gelände umgewidmete erste Eisenbahnhof der Stadt, HaTachana, der rund ein halbes Jahrhundert lang eine Verbindung zwischen dem arabischen Jaffa und Jerusalem gewährleistete und 1948, dem Jahr der israelischen Unabhängigkeitserklärung, stillgelegt wurde. Besichtigen kann man immer noch das historische Bahnhofsgebäude und zwei Personenwaggons dieser Zeit.

Bauhaus-Architektur in der Allenby Street

TOUR QUER DURCH TEL AVIV

VOM BIALIK SQUARE NACH HATACHANA

> **VERLAUF:** Bialik Square > erstes Rathaus/Beit Ha'ir > Allenby Street > Carmel-Markt > Nahalat Binyamin Street > jemenitisches Viertel/Kerem HaTeimanim > Hassan-Bek-Moschee > Neve Tzedek > HaTachana

> **KARTE:** Seite 76
> **DAUER:** 1/2 Tag (ohne Besichtigungen)
> **PRAKTISCHE HINWEISE:**
> • Bus: Trumpeldor/Pinsker
> • Nach dem Besuch des Carmel-Marktes lohnt ein Abstecher zum Charles Clore Park und zum Alma Beach. Beide liegen im weiteren Tourenverlauf in unmittelbarer Nähe direkt am Strand.

TOUR-START:
BIALIK SQUARE 1 ⭐ 📖 D4
Um den schönen, runden stillen Platz mit dem steinernen Wasserbecken in der Mitte scharen sich mehrere auffallende Häuser, die als Bialik-Komplex von der UNESCO als Weltkulturerbe deklariert wurden. Eines davon ist das **erste Rathaus** von Tel Aviv aus dem Jahr 1924, ein kürzlich umfassend restauriertes Gebäude, das einem hübschen Art-

déco-Klassizismus-Schlösschen ähnelt. Ursprünglich war es ein Hotel, das leicht erhöht über dem Stadtteppich thronte. In ihm verbirgt sich im **Museum Beit Ha'ir** 2 📖 D4 eine höchst sehenswerte Ausstellung von Fotos und Unterlagen, die die Entstehung Tel Avivs dokumentieren.

Konserviert wurde das Arbeitszimmer des ersten Bürgermeisters von Tel Aviv, **Meir Dizengoff.** Zusätzlich bietet Beit Hai'r auch Wechselausstellungen zur Stadtgeschichte (Bialik St 27, beithair.org, Mo–Do 9–17, Fr, Sa 10–14 Uhr).

Das Wohnhaus des Nationaldichters Chaim Nahum Bialik (1873–1934), das **Bialik House** 3 📖 D4, liegt gleich nebenan: Bialik und Dizengoff kannten sich aus ihrer Heimatstadt Odessa. Das im selben Jahr erbaute Haus besticht durch eine orientalisierende Architektur, die Orient und Okzident miteinander zu verschmelzen sucht. Aus dem Garten ragen die Palmen empor. Wunderschön ist der Eingangsbereich, geschmückt mit dunkelblauen, reich verzierten Fliesen der Jerusalemer Werkstatt Bezalel. Zu sehen sind die Bibliothek, die Sammlung israelischer Malerei und die Wohnstatt des Dichters (Bialik St 22, beithair.org, Mo–Do 9–17, Fr, Sa 10–14 Uhr)

Eine passende Ergänzung zu den beiden Häusern ist das benachbarte **Rubin House** 4 📖 D4, das Wohnhaus-Museum des rumänisch-israelischen Malers Reuven Rubin

(1893–1974), das in den 1930er-Jahren erbaut wurde und seine Gemälde präsentiert. Er zeigt sich darin als expressionistischer Chronist seiner Zeit (Bialik St 14, www.rubinmuseum.org.il/en, Mo, Mi, Do, Fr 10–15, Di bis 20, Sa 11–14 Uhr)),

Über die laute, von (Billig-)Läden gesäumte **Allenby Street** › mehr S. 17 Punkt ㉗ biegt man ein in die HaCarmel Street und erreicht den turbulentesten Markt der Stadt.

CARMEL-MARKT 5 2 C/D4

Wie viele Aussteller sich auf dem offenen Gelände bis hinunter zum Busbahnhof Carmelit drängeln, lässt sich mit Sicherheit nicht sagen, denn ihre Zahl ändert sich ständig,

so wie sich das Angebot auch ständig ändert. Es ist die pure orientalische Stimmung, die einen förmlich in diesen Markt, den **Shuk HaCarmel,** den größten Obst-und Gemüsemarkt der Stadt, hineinzieht. Im oberen, der Stadt zugewandten Teil dominieren die Stände voller preiswerter Klamotten, Modeschmuck, Haushaltsgegenstände, vermutlich nicht in Tel Aviv produzierter Tel-Aviv-Souvenirs und bunt präsentiertem religiösem Kitsch.

Ist der obere Marktteil erst einmal durchschritten, fühlt man sich an die verführerische Vielfalt orientalischer Basare erinnert. Mediterrane Obst-und Gemüsesorten, zu Türmen aufgestapelt, pralinengro-

Das Museum Beit Ha'ir erzählt Stadtgeschichte und ist selbst ein Teil davon

ße, von Honig triefende Baklava-Spezialitäten, Nüsse, Trockenfrüchte, getrocknete und frische Kräuter, Auslagen voller Käsesorten, Stände mit Challah, dem zu Knoten geflochtenen, typisch israelischen Gebäck, wechseln in munterer Reihenfolge ab; überall locken köstliche frisch gepresste Säfte > mehr S. 14 Punkt ⓲ und regionale Spezialitäten, die in dem Gedränge leicht untergehen – der drusische Stand z. B. oder auch der russische. Hinter den ausladenden Paletten öffnen sich

kleine Geschäfte: Haushaltswarenläden, Drogerien und Fischhändler haben hier ihre angestammten Plätze, die Fassaden sind meist fantasievoll bemalt und lohnen einen zweiten Blick. In den Nebengassen drängeln sich einfache Restaurants, die Falafel und Hummus anbieten. Da sich das jemenitische Viertel **Kerem HaTeimanim** 6 📘 C4–5 anschließt, bietet sich eine Rast in einem der typischen Lokale an.

Bei den Jemeniten ist auch der Ursprung des Carmel-Markts zu suchen, denn zunächst schlugen die in Kerem HaTeimanim (»Weinberg der Jemeniten«) lebenden Jemeniten ihren Marktplatz an dieser Stelle auf, sie wohnten ja gleich nebenan. Ab den 1920er-Jahren kamen dann die russischen Einwanderer hinzu, und später ließ Bürgermeister Meir Dizengoff den Namen in Shuk HaCarmel ändern.

Der Markt hat viele Höhen und Tiefen gesehen, besonders nach den Anschlägen des Irgun › S. 140 auf die benachbarte Hassan-Bek-Moschee › unten und dem palästinensischen Anschlag auf das nicht weit entfernte Dolfinarium im Jahr 2001. Erst nach der Jahrtausendwende begann der Markt wieder zu florieren, und heute sieht er aus, als wäre er schon immer da gewesen.

Gleich neben dem Zugang zum Carmel-Markt an der Ecke Allenby Street befindet sich der »Eingang« zum offenen Kunsthandwerksmarkt auf der **Nahalat Binyamin Street** 7 📘 D4, der jeweils dienstags und freitags ab 10 Uhr bis in den Nachmittag hinein abgehalten wird. › mehr S. 18 Punkt ㊲ Die beiden Marktbesuche lassen sich gut miteinander verbinden.

ZWISCHENSTOPP: RESTAURANT

An der Schnittstelle der beiden Durchgänge kann man die besten Kaffeesorten Tel Avivs probieren: **Coffee at the Market** ➊ € 📘 D4, ein Verkaufsladen mit Probiertheke und ein paar Stühlen auf dem Platz. • HaCarmel St 33 | So–Do 7–18, Fr ab 6 Uhr

HASSAN-BEK-MOSCHEE

8 ⭐ 📘 C5

Die unbestrittene Schönheit dieses weithin strahlenden Moscheebaus macht sie zu einem wahren Blickpunkt auf dem Weg nach Jaffa, zu dessen muslimischer Gemeinde sie gehört, obwohl sie doch ein wenig abseits davon liegt. Sie datiert aus dem Jahr 1916 und trägt den Namen des damaligen osmanischen Sultans. Das schlanke hohe Mina rett und der Kuppelbau sind aus hellem fossilem Kalksandstein gebaut, die Fenster der Moschee farbenprächtig gestaltet. Die Moschee ist jedoch auch ein Symbol des israelisch-palästinensischen Konflikts, denn von ihr ausgehend kam es in den 1930er-Jahren immer wieder zu Anschlägen auf die jüdische Bevölkerung, die sich mehr und mehr neue Gebiete einverleibte. Der Irgun › S. 140 wollte die Moschee sogar sprengen lassen, nachdem sich die britische Mandatsmacht aus Israel zurückgezogen hatte. Als das Minarett 1983 einstürzte, stellten Saudi-Arabien und Jordanien Mittel zum Wiederaufbau bereit. Der im Juni 2001 durch die Hamas verübte Selbstmordanschlag auf das benachbarte Dolfinarum, damals eine Diskothek, führte zu Ausschreitungen der jüdischen Einwohner vor der Moschee.

Nicht-Muslimen ist das Betreten der Moschee untersagt, Besucher sind nur auf dem Gelände gestattet.

NEVE TZEDEK 3 ▮ C6

In dem Stadtgewebe, aus dem 1909 Tel Aviv entstand, ist Neve Tzedek die früheste Siedlung. Sie wurde 1887 von aus Algerien und dem Maghreb stammenden Juden finanziert, u. a. von Aharon Chelouche, der – so erzählt es die Geschichte – mit einem arabischen Makler die sandigen Dünen außerhalb von Jaffa abritt, um Grundstücke zu inspizieren und zu erwerben. Und so bildet der heutige Stadtteil die Brücke zum südlich gelegenen Jaffa, der uralten arabischen Hafenstadt.

Ab den 1960er-Jahren geriet das Viertel, längst von Tel Aviv fest umgürtet, aus dem Fokus der Stadtplaner, und es verfiel zunehmend. Dann aber entschloss sich die Stadtregierung, Künstler dazu zu bewegen, sich in den leer stehenden Häusern einzumieten und Ateliers aufzubauen. Was auch geschah.

Heute, sagt man, sind die Mieten nirgendwo so hoch wie in Neve Tzedek, und hauptsächlich Franzosen seien nach den zahlreichen Anschlägen auf jüdische Einrichtungen in Frankreich den Weg zurück nach Israel gegangen, hätten die hübschen kleinen Häuser und ehemaligen Villen kostspielig restauriert, mit Bougainvilleen-Gärten umgeben und sich hier eingerichtet.

In der Tat ist in dem ländlich-dörflich wirkenden Neve Tzedek mit seinen Oliven- und Feigenbäumen ein ganz besonderer Nukleus entstanden, mit dem **Suzanne Dellal Center** 9 ▮ C6 › S. 48 und der **Batsheva Dance Company** als kulturellen Höhepunkten. Die Entwicklung in gentrifizierten Stadtteilen ist überall auf der Welt gleich: Einen normalen Bäcker sucht man vergebens, dafür gibt es eine »Boulangerie« sowie Designermode- und Schmuckläden entlang der kopfsteingepflasterten Flaniermeile **Shabazi Street** 10 ▮ C6 zuhauf.

Doch in dem von Orangenbäumen geschmückten Patio hinter dem Suzanne Dellal Center erzählt ein kunterbuntes, dreiteiliges Fliesen-Mural von der Anfangsgeschichte des heute so schönen Neve Tzedek. Es zeigt unter anderem

FAMILIENGESCHICHTE AUS NEVE TZEDEK

Das Fliesen-Mural in Neve Tzedek mit Aharon Chelouche (rechts mit roter Mütze)

Der junge Tomer Chelouche hat ein Anliegen. Und das Anliegen ist verständlich. Es spielt mitten hinein in die zurückliegenden Feierlichkeiten um die »Weiße Stadt«, um den Jubel angesichts der nun wieder reinweiß und neu entstandenen Schönheit des Bauhaus-Ensembles aus 4000 Häusern, um die Gründungsmythen von Tel Aviv.

Tel Aviv ist 1909 von 66 jüdischen Familien, die zuvor in Jaffa gelebt hatten, gegründet worden. Die Siedlung, die sich zwischen den Straßen Montefiore und Yehuda Halevi ausstreckte, nannten sie zunächst Ahusat Bajit. Anschließend begab man sich zum Strand und verteilte per Muschellos die zukünftigen Grund-

stücke an die stolzen Besitzer. Neue Viertel wurden aus dem Boden gestampft. Verfolgte Juden waren aus Osteuropa geflüchtet und besiedelten die neue Stadt. Aber was war vorher, fragt sich Tomer, einer der Urururenkel von Aharon Chelouche, der zu den Gründern von Neve Tzedek gehörte.

HEUTE UND GESTERN

Neve Tzedek symbolisiert heute das Vorzeige-Tel-Aviv ersten Ranges. Es ist noch gar nicht so lange her, da bestand das Viertel aus verlassenen Häuschen am Rand von Nirgendwo, im Hinterhof des Carmel-Markts, von Google sogar als Slum bezeichnet, einfach weil sie nicht Bauhaus,

Mit Tomer Chelouche lernt man die verschiedensten Seiten von Neve Tzedek kennen

nicht modern, nicht neu waren. Heute sehen die frisch renovierten Häuser äußerst propper aus, es sind von Gärten eingefasste Landvillen, und es dämmert einem, dass da vorher auch schon etwas gewesen sein muss. Genau: Es war das Viertel, das Aharon Chelouche (1840–1920) zusammen mit seinen aus Algerien und Marokko stammenden Gleichgesinnten 1887 gegründet hatte, also lange bevor sich Tel Aviv aus verschiedenen Siedlungen zusammenschloss. Hier ließen sich auch iranische Juden nieder, was nicht nur das Frauenhaus an der Ecke Chelouche/Shimon Rokach Street bezeugt, sonden auch der Name der Flanierstraße Shlomo Shabazi.

DIE CHELOUCHE-FAMILIE

Die Chelouches waren äußerst angesehene Leute und im Baugewerbe tätig. Sie stellten verzierte und bemalte Fliesen her, die auch heute noch die Böden so manch renovierter Villa schmücken. Neben ihrem Wohnhaus bauten sie eine Synagoge, deren Eingangssäulen noch erhalten sind. Familienmitglieder arbeiteten als Apotheker, engagierten sich im Zionismus, einer war sogar Bürgermeister von Tel Aviv. Eine Intellektuellen-Siedlung war entstanden, der Maler Nachum Gutman lebte hier, der Nobelpreisträger für Literatur (1966) Samuel Agnon, ebenso Shimon Rokach, Vorstand der jüdischen Gemeinde. Zur guten Familientradition der Chelouche gehörte auch, die Spannungen zwischen Juden und Arabern nicht zu schüren. Sie sprachen Arabisch und setzten sich für die Verständigung zwischen den neu Angekommenen und der arabischen Bevölkerung ein.

Tomer Chelouche jedenfalls veranstaltet heute Führungen durch die Heimat seiner Großväter (Tel. 054-588 19 69, www.tlvxp.com).

Aharon Chelouche, dessen Urururenkel Tomer Chelouche Führungen durch den Stadtteil anbietet und dabei von seiner Familie erzählt › S. 79. Das ausladende Chelouche House mit der Nr. 32 in der **Chelouche Street** 11 ◼ C6 wurde für die gesamte Familie gebaut. Nebenan entstand die erste Synagoge von Neve Tzedek, und sie ist immer noch in Betrieb. Zerstört dagegen ist die Chelouche-Fabrik, in der Baumaterialien und Fliesen hergestellt wurden. Wenn man heute einen Blick in eines der alten Häuser erhascht, kann man wahrscheinlich noch die farbenfrohen Bodenfliesen aus der Fabrik sehen.

Die prächtigen Zwillingsvillen im eklektischen Stil an der Chelouche Street wurden für Moshe und Marco Chelouche erbaut.

Gegenüber entstand 1913 das **Eden Cinema** 12 ◼ C6 in der Lilienblum Street 2, und da es ohne Dach gebaut worden war, versammelte sich die Familie mit ihren Freunden auf den Balkonen, um (Stumm-)Filme zu sehen. Die denkmalgeschützte Fassade des Kinos, das 1974 schließen musste, verfällt.

ZWISCHENSTOPP: RESTAURANT
Im Gartencafé **Suzanna** ❷ €€ ◼ C6 gegenüber dem Haupteingang des Suzanne Dellal Centers spendet ein riesiger Feigenbaum Schatten.
• Shabazi St 9 | www.suzana.rest-e.co.il
  Sa–Do 10–1, Fr ab 9.30 Uhr

Gegenüber vom Eden Cinema steht ein wieder herausgeputztes, hellblau gestrichenes Kleinod: der alte **Kiosk Est 1920**

❸ € ◼ D6 mit leckerem Kaffee, Sandwiches und Salaten.
• Lilienblum St 3
  So–Do 7.30–21, Fr bis 16 Uhr

HATACHANA 13 ◼ C6/7

Wo sich heute Boutiquen, Galerien, Cafés und Restaurants zusammenscharen, verkehrten einst Personen- und Frachtzüge von Jaffa aus nach Jerusalem und zu weiteren Ortschaften im Landesinneren. Der stillgelegte Bahnhof, der erste überhaupt in Vorderasien und Ägypten, basierte auf Plänen aus den 1830er-Jahren des Franzosen Moshe Montefiore, der es sich in den Kopf gesetzt hatte, seine Heimat in Palästina zu modernisieren. Zuvor übernahmen Kamele den meist langwierigen Transport. Im Jahr 1892 war es dann so weit; in Europa wurde das nötige Kapital aufgetrieben, die osmanischen Herrscher erteilten die Erlaubnis. Der Zugverkehr wurde bis 1948 aufrechterhalten und diente auch dazu, landwirtschaftliche Güter aus dem Hafen von Jaffa ins Landesinnere zu schaffen. Aus dem Jahr 1913 hat sich auch eine Passagierzahl erhalten: 183 000 sollen es gewesen sein.

Auf dem 5500 m² großen Terrain der malerischen Anlage befinden sich immer noch das historische Bahnhofsgebäude und zwei Personenwaggons. Jenseits davon sind Flanierboulevards entstanden, gesäumt von Künstlerateliers, Modeboutiquen, Schmuckdesignern und Cafés. Abends trifft man sich in der **Tapas- und Weinbar Vicky Cristina** (www.vicky-cristina.co.il).

JAFFA

In der katholischen Kirche von St. Anthony in Jaffa werden die Messen auf Arabisch und Englisch gelesen

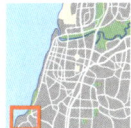

Die rund 3000 Jahre alte arabische Hafenstadt Jaffa kontrastiert stark mit Tel Aviv, das gerade mal seinen 110. Geburtstag hinter sich hat. Sie verzaubert mit architektonischen Schätzen, Museen und lebhaften orientalischen Märkten.

In der magischen alten Hafenstadt kann man sich stundenlang treiben lassen, Märkte und Galerien erkunden und herrliche Ausblicke genießen. Jaffa, dieser unverwechselbare Mix verschiedener Religionen und Kulturen, zählt mittlerweile zu den trendigsten Orten von Tel Aviv.

Jaffa ist reich an Geschichte, auch antiker Geschichte. Bereits die Pharaonen kämpften um den strategisch wichtigen Ort am Mittelmeer. Einer Legende zufolge soll Jonas hier am Hafen das Schiff bestiegen haben, um schließlich vom Wal verschlungen und als gottesfürchtiger Mann wieder ausgespuckt zu werden, und auch Alexander der Große ging in Jaffa an Land. Die Kreuzfahrer begannen von hier aus ihren Glaubenskrieg, Napoleon belagerte die Stadt im Kampf gegen die Osmanen, und sowohl für christliche als auch jüdische und muslimische Pilger war Jaffa die Eintrittspforte ins heilige Land.

Ab Mitte des 19. Jhs. schließlich wurde Jaffa für europäische Juden der Sehnsuchtsort für ein neues Leben. Nach Pogromen, Verfolgung und Vertreibung sollte für sie im Land ihrer Ahnen ein jüdischer Staat entstehen, eine neue Heimat im Mandatsgebiet Palästina beziehungsweise – so nannte es Theodor Herzl – das »Altneuland«.

Aus dem Sehnsuchtsort wurde Wirklichkeit, es entstand Tel Aviv, die »Weiße Stadt« am Mittelmeer, und sie wuchs und wuchs und erweiterte ständig ihre Grenzen.

Aus dem einst eigenständigen »Yafo« wurde schließlich ab Mitte des 20. Jhs. »Tel Aviv-Yafo«, die arabische Stadt wurde sozusagen als Vorort dem viel jüngeren jüdischen Tel Aviv einverleibt. Dieses Wissen mag den Besucher bei einem Spaziergang durch die atmosphärisch so besondere alte Stadt begleiten, in der heute zwar keine Orangen mehr blühen, dafür aber jede Menge Lifestyle und Kultur.

Ein Gewirr von Treppen und engen Gassen bestimmt Jaffas Altstadt

TOUR IN JAFFA

SPAZIERGANG IN JAFFA

VERLAUF: Clock Tower > Old Jaffa Museum > Andromeda-Felsen > St. Peter's Church > Kikar Kedumim > Wishing Bridge > Yemenite Art Museum > Ilana Goor Museum > Uri Geller Museum > Hafen > Jaffa Flea Market > Yehuda Margoza Street

KARTE: Seite 86
DAUER: Nehmen Sie sich einen ganzen Tag Zeit
PRAKTISCHE HINWEISE:
• Bus 10 fährt über die Ben Yehuda und Allenby Street nach Jaffa, hält auch am Clock Tower, setzt seine Fahrt die gesamte Yefet Street hinunter fort bis zum Peres Center for Peace. Weitere Linien, ebenfalls mit Halt am Clock Tower, sind 13 und 18.
• Bequeme Schuhe tragen, Jaffa ist hügeliger als Tel Aviv.

TOUR-START: ALTSTADT VON JAFFA 4 ▌ B7–8

Die rund 3000 Jahre alte arabische Hafenstadt Jaffa unterscheidet sich stark von Tel Aviv, das 2009 ja erst seinen 100. Geburtstag feierte. Aber die eine Stadt ist ohne die andere nicht denkbar, und mittlerweile zieht das zauberhafte Jaffa mit sei-

nem umfangreichen architektonischen Schatz, seiner unverwechselbaren Ritterburgsilhouette, seinen Museen und lebhaften orientalischen Märkten viele Gäste an.

Seit dem Altertum ist Jaffa ein strategisch wichtiger Ort gewesen. Griechen, Römer, Kreuzritter, Sarazenen, Osmanen und Türken haben die Stadt beherrscht und ihre Spuren hinterlassen. Im Hafen wurden die Zedern aus dem Libanon gelöscht, die beim Bau des zweiten Tempels in Jerusalem benutzt wurden. Während im späten 19. Jh. Tel Aviv lediglich aus ein paar bewohnten Inseln wie Sarona und Neve Tzedek auf sumpfigem, sandigem Grund bestand, war Jaffa eine blühende Kleinstadt mit orientalischen Villen, gesäumt von Obstgärten und Zitrusplantagen.

BUCH-TIPP

Auf verzaubernde, gleichnishafte Weise wird die Besiedlung Jaffas und Tel Avivs in Benjamin Tammuz' *Der Obstgarten* erzählt (Bleicher, 1999). Nur noch antiquarisch erhältlich.

CLOCK TOWER 1 ⭐ ▌ B7

Der während der britischen Mandatszeit errichtete dreistufige Glockenturm bildet die Eingangspforte zur arabischen Welt von Jaffa. › mehr S. 17 Punkt 28 Flankiert wird er von der alten Seraya aus leuchtend hellem Kalkstein, dem in osmanischer Zeit errichteten, wuchtigen Rathaus, und von der Fassade

Unter dem sonnenbeschienenen Kedumim Square in Jaffa liegt ein Besucherzentrum

des Luxushotels Seraj, das ebenfalls mal eine Seraya, später dann ein Gefängnis war. Alte, hohe orientalische Hausfassaden säumen nun die **Yefet Street** 2 📖 B8, und sofort ist eine andere Stimmung spürbar. Unter einem der charakteristischen Bogentore öffnet sich die älteste Bäckerei Jaffas, Abouelafia › S. 44, in deren Gewölben Halva-und Baklava-Spezialiäten angeboten werden, die man unbedingt probieren sollte.

Im Blickpunkt schräg gegenüber: die vielkupplige **Mahmudiya-Moschee** von 1812 aus osmanischer Zeit mit ihrem schlanken, hohen Minarett. Im Hinterhof eines Res-

taurants liegt nahezu versteckt das alte **Stadttor,** das Jaffa einst in Richtung Jerusalem verschloss – und öffnete. Daneben prangt ein Überrest der ehemaligen Stadtmauer.

OLD JAFFA MUSEUM 3 📖 B7/8

Die Segev Street führt hinauf zum HaMidron und **HaPisga-Garten** und zum Jaffa Museum, auch Museum of Antiquities genannt, das in einer osmanischen Seraya aus dem 18. Jh. untergebracht ist. Sie wiederum ruht auf den Überresten einer Kreuzritterburg, und diese Doppelung teilt das Museum quasi auf natürliche Weise in zwei Hälften:

archäologische Fundstücke (auch vom Kikar Kedumim › S. 87) und zeitgenössische Kunst.

Außerdem betreut hier das **Atar-Projekt** Künstler verschiedener Disziplinen, die ihre Arbeiten präsentieren können. Wenn das passiert, gibt's allemal gleich ein informelles Fest dazu (Mifraz Shlomo Promenade 10, Di–Do 15–19, Sa 11–15 Uhr).

Gegenüber dieser kleinen Erhöhung wurde ein Aussichtspunkt geschaffen, um auf den **Andromeda-**

Felsen 4 📖 A7 ins Meer hinab zu blicken. Nach antiker griechischer Sage wurde hier die Königstochter Andromeda von Poseidon in Fesseln gelegt, um dem Meerungeheuer Ketos zum Opfer dargebracht zu werden. Ihre Mutter Kassiopeia hatte sie für schöner als die Nereiden gepriesen und damit den Gott des Meeres beleidigt. Dieser frevlerische Hochmut sollte bestraft werden. Doch Perseus, der Sohn des Zeus, befreite Andromeda vom Felsen und flüchtete mit ihr.

Von diesem Platz aus sieht man nicht nur den Felsen, sondern hat auch eine Superaussicht auf die **Skyline von Tel Aviv** und seine Strandpromenaden.

ST. PETER'S CHURCH 5 ⭐ 📖 A8

Die Petruskirche geht auf eine der ältesten Klosterkirchen von Jaffa zurück. Das ursprüngliche Gebäude wurde 1654 vollendet und bildete das Zentrum der katholischen Gemeinde des Hafens. Die heutige neobarocke Form stammt von 1894. Laut dem Neuen Testament soll sich der Apostel Petrus mehrmals in Jaffa aufgehalten haben. Die Kirche ist in Richtung auf Rom und den Vatikan ausgerichtet und steht Besuchern auch jenseits der Gottesdienste und Andachtszeiten offen. (Mifraz Shlomo Promenade 1)

KIKAR KEDUMIM 6 📖 B8

Auf einer leichten Anhöhe gegenüber der St. Peter's Church musste man nur in die Tiefe graben, um in mehreren Schichten auf Spuren aus griechischer und römischer Besiedlungszeit zu stoßen. Zu sehen ist die offene Grabungsstelle, in der die verschiedenen Siedlungsschichten gut zu erkennen sind.

Doch offenbar gehen immer mal wieder die Mittel aus, um die Grabungen voranzutreiben.

WISHING BRIDGE GAN HAPISGA 7 ⭐ 📖 B8

Die Wunschbrücke ist ausgestattet mit einem schmiedeeisernen Geländer, in das Tierkreiszeichen eingelassen sind. Wer seins gefunden hat und berührt, darf sich etwas wünschen. › mehr S. 12 Punkt 6

Auch die alten Gässchen im Häuschengewirr, das sich jenseits der Brücke auftürmt, tragen Namen von Tierkreiszeichen. Dass sie jüngeren Datums als die Häuser sind, dürfte damit klar sein.

Denn genau aus diesem Teil wurde 1948 die arabische Bevölkerung

TOUR IN JAFFA

TOUR ❷

SPAZIERGANG IN JAFFA

1. Clock Tower
2. Yefet Street
3. Old Jaffa Museum
4. Andromeda-Felsen
5. St. Peter's Church
6. Kikar Kedumim
7. Wishing Bridge Gan HaPisga
8. Yemenite Art Museum
9. Ilana Goor Museum
10. Uri Geller Museu
11. Hafen von Jaffa
12. Jaffa Flea Market
13. Yehuda Margoza Street

vertrieben. Später stellte die Stadtverwaltung die leer stehenden Häuser Künstlern zur Verfügung unter der Bedingung, Galerien und Showrooms darin unterzubringen.

YEMENITE ART MUSEUM 8 ▮ B8

Wirklich herausragend präsentiert sich das in einer Art mehrzimmerigem Gewölbe untergebrachte jemenitische Kunstmuseum. Es stellt alte jemenitische Schmuckstücke und Trachten zur Schau, und bei einer Tasse mit Kardamom gewürzten Kaffees kann man sich von einem kurzen Dokumentarfilm über die jemenitische Aliyah (Einwanderung) und die Tradition der jemenitischen Goldschmiede und Korbflechter in Jaffa aufklären lassen.

Imitationen dieses zauberhaften Schmucks, die von Ben Zion David gefertigt werden, kann man auch kaufen (Mazal Dagim St 3, yemenite-art.com, So–Do 9–22.30, Fr bis 18.30 Uhr).

ILANA GOOR MUSEUM 9 ★ ▮ A8

Das Gebäude allein ist eine Augenweide, es sitzt nämlich buchstäblich auf einer alten Kreuzritterburg.

Die jüdische Bildhauerin und Malerin Ilana Goor erwarb in den 1970er-Jahren zunächst Teile davon, um hier ihre private Wohnung einzurichten, später dann das gesamte Haus für ihre Kunstwerke und Sammlungen. Ein Storch aus Metall, der einen Fisch anstelle eines Babys im Schnabel hält, baumelt von der Dachterrasse. Ihre Sammlungen und auch ihre eigenen (Möbel-) Skulpturen, verteilt auf eine Vielzahl von verwinkelten Räumen, atmen den Geist New Yorks der 1960er-Jahre. Auch ein wenig von Salvador Dalís Skurrilität mischt sich darunter, zum Beispiel bei einem riesigen Esstisch, der mit bronzenem Getier bedeckt ist. Dazu gibt es eine Sammlung afrikanischer Skulpturen und christlicher Statuen zu bestaunen.

Kunst auf der Dachterrasse gibt's im Ilana Goor Museum

DAS SEDERMAHL

Die Speisen des Sedermahls werden auf einem speziellen Sederteller angerichtet

Das jüdische Pessachfest feiert die Befreiung der Juden aus der ägyptischen Sklaverei und ist als ein fröhliches gemeinsames Fest mit Freunden und Familie konzipiert. Mit dem christlichen Glauben ist es durch das Datum verknüpft, denn Jesu letztes Abendmahl fand an Pessach (Passah) statt, zur Zeit des ersten Vollmonds im Frühjahr.

DIE VORSCHRIFTEN DES SEDERMAHLS

Das Fest wird durch den Sederabend eingeleitet, der strikten Rituaalen folgt. Zunächst einmal muss aus dem gesamten Haushalt jeder noch so kleinste Fitzel von bestimmten Lebensmitteln entfernt werden, z. B. Hefe und Sauerteig. Es werden bestimmte Gerichte und Zubereitungen in einer festgelegten Reihenfolge gegessen, und jeder Teilnehmer trinkt vier Gläser Wein dazu – das ist vorgeschrieben.

Zu den Gerichten gehören ein Lamm als Symbol des Opfertiers, Bitterkraut, meist Meerrettich oder Endivienblätter, ein Brei aus Äpfeln, Honig, Zimt und Walnüssen, der den Mörtel repräsentiert, den die Juden in der ägyptischen Gefangenschaft herzustellen gezwungen waren, Salat oder Kräuter als Zeichen der Fruchtbarkeit, ein gekochtes Ei und Salzwasser, das die Tränen der Israeliten symbolisiert.

Während des Essens wird an einer bestimmten Stelle der Haggada, dem Auszug aus Ägypten gedacht, und mit einem Frage- und Antwortspiel erklärt.

Im Hafen von Jaffa soll der Prophet Jonas das Fluchtschiff bestiegen haben …

Die mit witzigen Skulpturen ge-schmückte Dachterrasse gestattet einen Wahnsinnsausblick auf Jaffa und wird auch für Lesungen und kulturelle Veranstaltungen genutzt (Mazal Dagim St 4, www.ilanagoor museum.org, So–Fr 10–16, Sa bis 17 Uhr; freitags um 12 Uhr gibt es eine Führung, Infos unter Tel. 03-683 76 76). › mehr S. 16 Punkt **26**

URI GELLER MUSEUM **10** █ B8
Gleich nebenan hat sich Uri Geller ein Museum eingerichtet, in dem er voraussichtlich ab Ende 2020 seine Kunstsammlung präsentieren wird. Ein riesiger verbogener Löffel steht schon mal vor dem Eingang (Mazal Arieh 7, urigellermuseum.com).

HAFEN VON JAFFA **11** ⭐**5** █ A8
Über ein paar Treppenstufen hin-unter gelangt man in den maleri-schen alten Hafen (Namal Yafo), der immer noch eine Marina hat.

In den ehemaligen Handelsma-gazinen an der Promenade haben Restaurants (zum Beispiel das sehr touristische »The Old Man and the Sea« direkt am Meer) und Galerien Unterschlupf gefunden.

Ebenfalls in einem der Hangars untergekommen ist das einzigartige **Nalaga'at Center** mit seiner gehör-los-blinden Theatergruppe und ei-nem koscheren Dunkelrestaurant. (Retzif HaAliya HaShniya St, Tel. 03-633 08 08, nalagaat.org.il/en, So bis Do 9–23 Uhr)

ZWISCHENSTOPP: RESTAURANT

Fine Dining heißt es abends, einen Business-Lunch gibt's mittags im **Kitchen Market** €€€ A8 mit schönem Blick auf den Hafen.

• Hangar 12, II. Stock | Tel. 03-544 66 69
  www.kitchen-market.co.il
  Mo–Sa 12–15.30, 18–23 Uhr, So nur abends

JAFFA FLEA MARKET

`12` ⭐ 🏛 B8

Über die Louis Pasteur Street erreicht man erneut die Yefet Street, die zum Flohmarkt **Shuk HaPishpishim** führt. Vielleicht findet man etwas, vielleicht auch nicht, denn die Waren lagern oftmals einfach auf dem Boden, aber die Atmosphäre ist besonders (Olei Zion St, So bis Do 9–17, Fr bis 14 Uhr).

Wer hier nicht fündig wird, wird es vermutlich in den wunderbar orientalischen Läden, die den Flohmarkt rahmen. Es gibt Läden für Körbe, Teppiche, Mode, Parfüm und Haushaltswaren, dazwischen sind immer wieder kleine Cafés. Man fühlt sich wie in einem Basar.

ZWISCHENSTOPP: RESTAURANT

Eines der vielen sympathischen kleinen Café-Restaurants, die sich abends immer mehr zum Hotspot entwickeln, ist das **Puaa** `2` › S. 35, das aber schon ab morgens geöffnet hat.

Zum Abschluss der Tour schlendert man noch die **Yehuda Margoza Street** `13` 🏛 B8 hinunter, auf der immer wieder die schönen arabischen Serail-Architekturen auffallen, etwa die Nr. 91, erbaut 1934. Bei Nr. 33, lohnt – nicht nur auf einen Kaffee – ein Halt im **Yafa,** dem einzigartigen Buch- und Kulturcafé von Michel El Raheb, in dem arabische Literatur verkauft wird (www.facebook.com/yaffabook, So–Fr 8 bis 23, Sa ab 10 Uhr). › mehr S. 14 Punkt `11`

💬 **TEL AVIV IST EIN OFFENES BUCH**

Eine Bahnhofsstraße gibt es nicht, auch eine Hauptstraße, einen Kirchplatz oder eine Rosenallee wird man vergeblich in der Stadt suchen. Montefiore ist kein Blumenberg, sondern der Nachname von Moshe Montefiore.

Nahezu alle Straßennamen in Tel Aviv erzählen von der Geschichte der Stadt. King George und Allenby Street entstammen der britischen Mandatszeit, aber auch Wladimir Zeev Jabotinsky, Begründer des revisionistischen Zionismus, und seinem politischen Gegenspieler, dem Sozialisten Chaim Arlosoroff, wird mit benachbarten Alleen im Alten Norden gedacht.

Max Nordau war Theodor Herzls Hausarzt und Mitbegründer der Zionistischen Weltorganisation, Meir Dizengoff der erste Bürgermeister von Tel Aviv, Chaim Bograshov ein berühmter Pädagoge, Ben Yehuda der Verfasser des ersten hebräischen Wörterbuchs und Ibn Gabirol ein sephardischer Philosoph aus dem 11. Jh.

Die schönste Allee freilich ist nach der Rothschild-Familie benannt.

FLORENTIN

»Kunst im öffentlichen Raum« findet
im Florentin-Viertel jede Nacht statt

*Eingezwängt in Straßenschneisen und Verkehrs-
kreisel, die es von Jaffa trennen, ist das Viertel Florentin auf den ersten Blick nicht besonders attrak-
tiv und auf den zweiten auch nicht. Florentin ist
anders, so ganz anders.*

Es liegt eine ungezähmte Rauheit in der Luft, eine Hippie-Ungezwungenheit und eine kraftvolle Poesie im Schäbigen. Das alles macht Florentin so besonders, dass sich auch hier Baugruben auftun und mehrere Makler ihre Büros aufgeschlagen haben. Vielleicht liegt es an der Nähe zum Viertel Neve Tzedek? Florentin hat in jüngster Zeit jedenfalls eine erstaunliche Karriere auf der Beliebtheitsskala hingelegt.

Aber Florentin hat mit den Bougainvillea-Villen von Neve Tzedek nichts zu tun. Waren es dort algerische Einwanderer ab den 1880er-Jahren, die sich eine neue Heimat aufbauten, waren es hier Juden aus Thessaloniki, die in den 1930er-Jahren vor den dortigen Pogromen flüchteten. Sie brachten ihre Handwerkskunst mit über das Mittelmeer und gründeten im heutigen Florentin ihre Werkstätten. Das lässt sich sehr schön in den immer noch ungepflasterten Gässchen jenseits der Abarbanel Street entdecken. Dort – und nicht nur dort – erblüht die Kunst an der Wand, für die Florentin mittlerweile so berühmt ist. Eine Fülle von Graffitis ziert die Hauswände, bunt, reißerisch, verspielt, politisch, lustig, und die Künstler-Maler-Bewohner halten sich – so hat man den Eindruck – jeder mindestens einen Hund.

Seinen Namen verdankt das Viertel dem aus Thessaloniki zugewanderten Bauunternehmer David Florentin, der in den späten 1920er-Jahren hier die ersten Häuser und Gebäude errichtete.

Nicht mehr direkt im Viertel, aber in unmittelbarer Nähe, liegt der wunderbare Levinsky-Markt, dessen Ursprung ebenfalls auf griechische Juden zurückgeht.

Die American Colony als Einstieg in die Tour dagegen ist ein Bote aus der Vergangenheit, gegründet von Familien aus dem amerikanischen Maine in den 1860er-Jahren, denen das Glück allerdings nicht hold war.

Hier führen Hunde kein Hundeleben

TOUR IN FLORENTIN

HANDWERK & STREET ART

VERLAUF: American Colony › Maine Friendship House › Auerbach Street › Eilat Street › Chelouche Lane › Abarbanel Street › Washington Boulevard

---

KARTE: Seite 96
DAUER: 3 Std. inkl. Museumsbesuch
PRAKTISCHER HINWEIS:
• Wer sich vorab schon mal ein wenig einstimmen möchte: www.telavivstreetart.com
• Bus: Eilat/Auerbach St, Shalma und Eilat Rd

TOUR-START:
AMERICAN COLONY **1** 📙 C7

Als im Jahr 1866 160 Einwanderer aus Maine und New England mit Reverend George Adams auf dem Segelschiff »Nellie Chaplin« an der Küste bei Jaffa auf Land trafen, hatten sie nicht vor, zu bleiben. Jerusalem hieß ihr Ziel, doch dort bekamen sie kein Land zur Verfügung gestellt. Also errichteten sie ihre vorgefertigten Häuser hier an Ort und Stelle und setzten ihre ebenfalls mitgebrachten Erntemaschinen ein.

Missionarisch seien ihre Ziele nicht gewesen, beteuerten sie immer wieder, im Gegenteil, sie wollten lediglich die Juden bei der Bearbeitung des Bodens mit ihren neuen landwirtschaftlichen Erkenntnissen unterstützen.

Leider war ihrer Kolonie kein Glück beschieden, viele wurden in dem sumpfigen Klima krank, und nach zwei Jahren war das Abenteuer beendet. In die hübschen Holzhäuser im US-Ostküstenstil zogen von 1904 an Mitglieder der deutschen Templergemeinde ein, die aber während des Zweiten Weltkriegs genau wie die von Sarona › S. 106 ausgewiesen wurden.

Die Kolonie zerfiel allmählich, die Häuser wurden vernachlässigt. Ein Restaurierungsprojekt der Stadt hat in jüngster Zeit einige Gebäude vor dem Verfall gerettet. Sogar ein Boutiquehotel, das über 42 Zimmer und Suiten verfügende Drisco, findet sich jetzt stilgerecht aufbereitet zwischen kopfsteingepflasterten historischen Gassen.

MAINE FRIENDSHIP HOUSE **2** 📙 C7

Das zum Museum umgewidmete Wohnhaus in der **Auerbach Street** wurde 1866 von der Familie Wentworth als Holzhaus mit Galerie erbaut und 2002 von einem amerikanischen Ehepaar restauriert.

Die Führung beginnt mit einem kurzen Dokumentarfilm im Untergeschoss, bevor man sich den Einrichtungsgegenständen und den Memorabilia zuwendet. Besonders verdient gemacht hat sich das Gemeindemitglied Rolla Floyd, der damals eine Art Reisedienst auf der Straße zwischen Jaffa und Jerusalem einrichtete. Auf der Strecke war man damals nämlich einen ganzen Tag unterwegs.

Rolla Floyd ersann das Pauschalpaket: Die Gäste reisten mit Reiseleitung, Küche und Koch, der die Mahlzeiten unterwegs zubereitete, dem so genannten Dragoman. Viele ausgestellte Fotos »erzählen« von diesen Touren (Auerbach St 10, Fr 12–15, Sa 14–16 Uhr; oder nach Voranmeldung: Tel. 03-681 92 25).

ZWISCHENSTOPP: RESTAURANT

Es ist ein bisschen in Mode gekommen, den Shabbat am Freitagvormittag mit einem ausführlichen Frühstück in der **Urban Bakery** ❶ ▮ C7 einzuleiten. Die hervorragende Qualität der Backwaren hat sich über die Grenzen der American Colony hinaus herumgesprochen.

• Nitsana St 14 | So–Do 7–20, Fr bis 17 Uhr

FLORENTIN & SEINE GRAFFITIS ⑥ ▮ C/D6–7

Wenn man die Elifelet Street in Richtung Osten überquert, erreicht man Florentin, das von den wenig

Auf der »Pilgerreise« durch die American Colony trifft man auf manch hübsche Ecke

anziehenden Hauptverkehrsadern Shalma, Elifelet und Eilat Road eingefasst wird. Im Innern liegen dicht an dicht Werkstätten, die seinen Ursprung als Handwerkerviertel bezeugen. Florentin entstand in den 1930er-Jahren mit Wohnhäusern und kleinen Gewerbe-, Handwerks- und Industriebetrieben und wurde v. a. von Juden aus Bulgarien und Griechenland bewohnt. Einer von ihnen, David Florentin, gab dem Viertel seinen Namen. Viel hat sich verändert, aber die angeraute Struktur des Ortes hat Künstler angezogen, natürlich auch deshalb, weil hier Wohnraum erschwinglich war.

An der Ecke **Elifelet/Eilat Street** 3 📕 C7 ist eines der bekanntesten Graffitis des für seine Graffitis be-

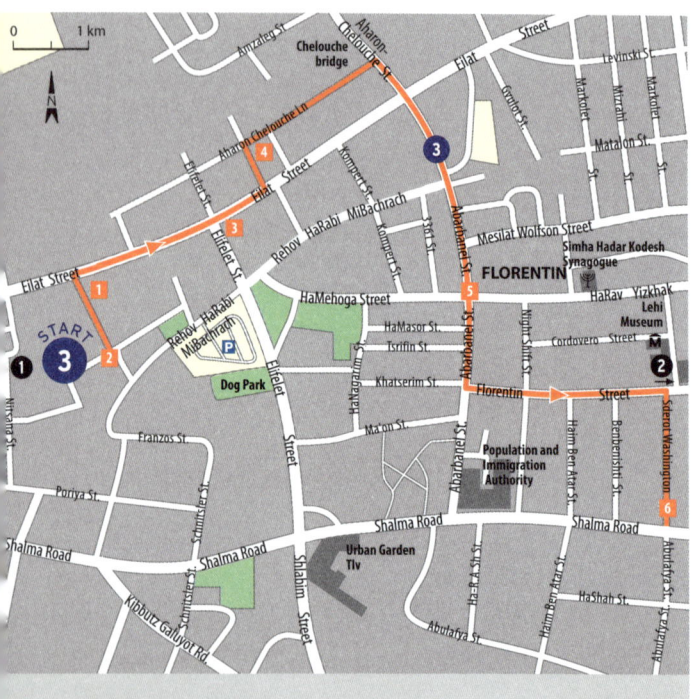

TOUR IN FLORENTIN

TOUR 3

HANDWERK & STREET ART

1 American Colony
2 Maine Friendship House
3 Elifelet/Eilat Street
4 Chelouche Lane
5 Abarbanel Street
6 Washington Boulevard

Florentin zeigt, wie Kunst ein ganzes Viertel verändern kann

rühmten Florentin zu sehen: der »Peter Pan« von Jonathan Kis-Lev (www.kis-lev.com). Wer die Silhouette dieses schwebenden Mädchens bzw. Kindes betrachtet, wird sofort an Arbeiten des Briten Banksy erinnert und fragt sich, wie dieses Bild so hoch oben an die Hausmauer kam? Nun, Kis-Lev hat sich einfach die Kluft eines Straßenbauarbeiters und anschließend die eines Polizisten angezogen und sich so quasi unentdeckt, aber öffentlich an sein Graffiti gemacht.

Weitere Graffitis sieht man in dem ersten kleinen Querpfad zur parallel verlaufenden **Chelouche Lane** **4** 📘 C6: »Three faces« von The Missk, Frenemy und Dioz, gegenüber »Sweet Dreams are made

of this« von The Missk and Tales und auf der anderen Straßenseite »035 Graffiti Crew«.

Geht man die Chelouche Lane weiter, gibt es noch mehr Graffitikünstler zu entdecken: Dede, Klone, Nitzan Mintz und Signor G. Die Graffitis sind manchmal winzig klein, manchmal unübersehbar bunt und groß. Zurzeit in Mode sind kleine ausgestanzte Herzen in verschiedenen Farben, die überall angebracht sein können – unter einem Fensterbrett oder auch an einem Straßenschild.

Von der **Abarbanel Street** **5** 📘 D6 zur Eilat Street zieht sich immer noch ein Sammelsurium an Werkstätten und winzigen Häuschen auf ungepflastertem Grund, z. B. ent-

LEVINSKY-MARKT 📖 D–E6

Das Gewürzparadies der Stadt bietet säckeweise Köstlichkeiten

Nicht mehr richtig im Zentrum von Florentin, aber nicht weit davon entfernt, liegt der Levinsky-Markt in der Levinsky Street, zwischen HaAliya und Herzl Street, der eigentlich kein Markt ist, sondern ein Sammelsurium an Läden und Ständen in einer schönen gepflegten Neighbourhood aus einfachen, zweistöckigen, kleinbürgerlichen Häusern. Es ist ein fast ländliches Gefühl, durch die kleinen Straßen zu streifen und das Angebot aus Gewürzen, Backwaren, Nüssen, Weinen, Tees, Käse, getrockneten Gemüsen, Trockenfrüchten und Partyartikeln zu begutachten. Das ganz spezielle Chili, das ganz spezielle Zlatar, den ganz speziellen Honig, den gibt es hier, deswegen gilt der Markt als Lieblingsmarkt der Köche. › mehr S. 17 Punkt **32**

Seinen Ursprung hat der Markt in den 1930er-Jahren, als eine kleine Gruppe von Juden aus dem griechischen Thessaloniki sich in der Gegend ansiedelte. Sie pflegten ihre aus der Heimat mitgebrachte Balkanküche weiter, und dafür brauchten sie die entsprechenden Zutaten. So schlug die Geburtsstunde des Levinsky-Marktes, auf dem bis heute diese speziellen Ingredienzien zu bekommen sind. Probieren sollte man die frischen Bourekas, denn die aus Filoteig hergestellten Teigpasteten, heute das Lieblingsfrühstück vieler Israelis, stammen ursprünglich aus dem Balkanraum. Nicht zu vergessen: die griechische Ouzeria an der Ecke, ein ungewöhnlicher Anblick in Tel Aviv (Matalon St 44, en.ouzeria.co.il, So–Fr ab 12 Uhr).

lang den Gässchen Tsrifin und Ha-Mehoga; manche tragen nur eine Nummer und keinen Namen. Auf diesen buchstäblichen Lein-Wänden haben sich Graffitikünstler in einen wahren Rausch gemalt, dort, nahezu versteckt, befindet sich auch die »Graffiti-Schule«, eine Ecke, wo die Künstler erst einmal üben können. Das ist tatsächlich eine völlig andere Tel Aviver Welt, ein ganz besonderer Kosmos, zu dem auch die Tapas-Kneipe Favela gehört, der bekannte Hoodna Bazar Club und das Berlin schräg gegenüber. Mittendrin: Die emsige Kunstgalerie mit dem Titel »Under 1000« in der Abarbanel Street 60.

Gute Chancen, weitere Graffitis zu sehen, ergeben sich auf dem kurzen **Washington Boulevard** D7. Dort hat sich der Künstler Hashtag etwas ganz Besonderes ausgedacht, und zwar Kopien berühmter Gemälde aus verschiedenen Epochen, etwa die **»Mona Lisa«**, die man per App zum Leben bringen kann. Eine traurige Berühmtheit hat ein Graffiti am Beginn des Washington Boulevard an der Ecke zur Cordovero Street erlangt: Es zeigt das **Attentat auf Yitzhak Rabin** 1995 und sollte eigentlich entfernt werden, doch die Bewohner des Florentin protestierten dagegen.

Durch Florentins Straßen sollte man einfach kreuz und quer laufen – so viele sind es ja nicht –, um die kleinen Synagogen zu entdecken oder den Secondhand-Laden Anita oder die Tiny Tiny Gallery › S. 44.

Florentin ist anders und ein Viertel voller Alltagsleben.

ZWISCHENSTOPP: RESTAURANT

Cafe Barrio ❷ € ▮ E6 ist ein unscheinbares Nachbarschaftscafé, aber es hat den vermutlich besten Kaffee in Tel Aviv, nämlich seinen eigenen, den es auch verkauft: eine Mischung aus 70 Prozent Arabica- und 30 Prozent Robustasorten. Auf einer kleinen Straßenterrasse gegenüber einer Bushaltestelle kann man ihn genießen. Von hier es ist dann auch nicht mehr weit zum Levinsky-Markt › links.

- HaAliya St 62
  www.facebook.com/cafebario (sic!)
  So–Do 6.30–18.30, Fr bis 15 Uhr

👍

TEL AVIV GRATIS

- Am 14 km langen **Stadtstrand** gibt es immer irgendwo ein kostenloses Konzert von Straßenmusikern oder DJs. Und wer auf Sonnenschirm und Strandliegen verzichten kann, sucht sich mit seinem Strandtuch einfach sein Plätzchen und zahlt nix. Sportfans können die **Open Air Gyms** am Strand kostenlos benutzen.

- Die hochinteressante **Independence Hall** im Untergeschoss des Shalom Meir Tower offeriert ebenfalls Gratisbesuche. › S. 102

- Die Eintrittsgebühren für Museen sind happig in Tel Aviv. Kostenlos ist der Besuch des **Helena-Rubinstein-Pavillons,** ein Ableger des Tel Aviv Museum of Art, mit vielen aufregenden Einzelausstellungen. › S. 112

- Freien Eintritt gewährt auch das tolle **Ben-Gurion Haus.** › S. 120

DAS HERZ DER STADT

Der Rothschild Boulevard ist lässige
Flaniermeile der Stadt und wichtiger
Treffpunkt ihrer Bewohner

Der Rothschild Boulevard gehört zu den ikonischen Orten der Stadt. Er trägt den Namen einer der bedeutendsten jüdischen Familien, die finanziell maßgeblich zur Verwirklichung von Herzls Traum des eigenen Judenstaates beigetragen hat.

Wie ein Weberschiffchen gleitet der eineinhalb Kilometer lange Boulevard, der zu den schönsten Tel Avis zählt, durch das Stadtgewebe, und wo immer sonst es chaotisch und unaufgeräumt erschien, hier ist es ruhig und grün. Er wurzelt im alten Tel Aviv, berührt fast Neve Tzedek und dort, wo er beginnt, am Shalom Meir Tower, stand einst das emblematische Herzliya Gymnasium, der ganze Stolz des Zionismus: das erste hebräische Gymnasium der Welt, mit seinen Türmen und Zinnen, eher zu Jaffa gehörig als zu der gerade erwachsenden Bauhaus-Stadt. Und so ist das Museum des Malers Nahum Gutman, der diesen Anblick in einem heiteren Gemälde verewigt hat, unabdingbar.

Dann geht es ans Flanieren, Entdecken, Geschichte begreifen: die Museen der Geheimorganisation Haganah, die beste Schokolade, die teuersten Hotels, das Café Benedict mit seinen legendären Eierspeisen, das ganze Füllhorn der Bauhaus-Architektur, die ab den 1930er-Jahren über 30 Jahre lang bestimmendes Architekturprinzip war, all das liegt auf dem Weg.

Der Rothschild Boulevard wäre kein Boulevard, lockte er nicht auch mit schattigen Grünflächen zum Ausruhen und mit Kiosken zur ungezwungenen Einkehr – das mag für andere Boulevards nicht gelten, für die in Tel Aviv aber schon.

Am Ende befindet sich mit der in Teilen rekonstruierten Templerkolonie im Sarona-Viertel ein weiteres Puzzlesteinchen Tel Aviver Stadtgründungsgeschichte und mit dem HaBima Theater, dem ersten und ältesten Nationaltheater Israels, eines der ikonischen Gebäude der »Weißen Stadt«.

Zur Tel Aviver Lebensart gehört, sich mit einem Sandwich, Kaffee oder Saft auf dem Mittelstreifen des Rothschild Boulevard niederzulassen und die Stadt, die Menschen oder was auch immer zu genießen.

An Nahum Gutmans kreisrundem Mosaikbrunnen beginnt der Rothschild Boulevard

TOUR IM HERZEN DER STADT

TOUR 4

AUF DEM ROTHSCHILD BOULEVARD

VERLAUF: Nahum Gutman Museum of Art › Shalom Meir Tower › Nahum Gutman Brunnen › Rothschild Boulevard › Haganah Museum › Sarona-Viertel › HaBima Theater › Rothschild Boulevard

KARTE: Seite 106
DAUER: mind. 1/2 Tag
PRAKTISCHER HINWEIS:
• Bus Eilat/Chelouche und Jaffa Rd/Herzl St; Rückfahrt Bus HaBima/Ben Tsiyon Blvd

TOUR-START: NAHUM GUTMAN MUSEUM OF ART **1** ⭐ 📖 C6

Das Museum des Malers und Buchillustrators Nahum Gutman (1898 bis 1980) liegt genau genommen noch in den Grenzen des Stadtteils Neve Tzedek, doch ein Besuch fügt sich gut ein, will man die Entstehung Tel Avivs künstlerisch nachvollziehen, denn das tat Gutman: Jaffa ebenso wie den von 66 aus Osteuropa und Russland stammenden jüdischen Familien gegründeten Flecken Ahusat Bajit zu porträtieren, wie er allmählich zu Tel Aviv erwuchs. In seinen vom Expressionismus beeinflussten frühen Bildern

zeigt er Jaffa als eine verzaubernde, stark der Natur verbundene Stadt (die sie mit ihren Brunnen und Plantagen ja auch war), während Tel Aviv eher skizzenhaft und sehr hell und strahlend gezeichnet wird. Die Bilder und Skizzen sind zumeist heiter und leicht ironisch eingefärbt. Und so wird ein Spaziergang durch sein einstiges Wohnhaus zu einem lohnenden Schlendern durch die verschiedenen Stadtansichten (Shimon Rokach St 21, www.gutmanmuseum.co.il, Mo–Fr 10–14, Sa bis 15 Uhr). › mehr S. 15 Punkt **20**

SHALOM MEIR TOWER **2** 📖 D5

Eines der bedeutendsten Wahrzeichen Tel Avis, das hebräische Gymnasium Herzliya › S. 103, wurde 1962 wegen des ersten Hochhausturmes der Stadt niedergerissen. Im Erdgeschoss des 120 m hohen Shalom Meir Tower befindet sich zurzeit provisorisch die **Independence Hall** mit vielen Zeugnissen, Fotos und Dokumenten zur Staatsgründung Israels 1948. (Ahad Ha'Am St 9, der Eingang liegt ein wenig versteckt in einer Unterführung, eng.ihi.org.il, So–Do 7–19, Fr bis 14 Uhr, Eintritt frei)

NAHUM GUTMAN BRUNNEN **3** ⭐ 📖 D5

Der schöne kreisrunde Mosaikbrunnen von Nahum Gutman mit vielen Bezügen zur Stadt, zur Aliyah (Rückkehr der Juden nach Eretz Israel) und zum Geschichtenfundus

Stop-and-go auf dem Rothschild Boulevard ist unbedingt positiv zu sehen

der Bibel markiert bereits den Beginn des Rothschild Boulevards.

ROTHSCHILD BOULEVARD

 🚩 📍 D5–E4

Eine der schönsten Straßen der Stadt sollte man langsam abschreiten, befinden sich hier doch ungezählte Preziosen der Bauhaus- sowie der eklektischen Architektur, dem Lieblings-Architekturstil der frühen Einwanderer, die meist aus osteuropäischen Regionen kamen. Der grüne Mittelstreifen des Boulevards ist zweigeteilt: eine Seite gehört Fahrrad- und E-Scooter-Fahrern, die andere den Spaziergängern. › mehr S. 12 Punkt ❺

Mit seinen Thulebäumen, Palmen und Feuerakazien, Wasserbassins, Sitzsäcken und Kiosken ist der Boulevard äußerst idyllisch, doch

---

💬 HEBRÄISCHES GYMNASIUM

Eines der berühmtesten Bilder von Nahum Gutman zeigt eine Aufsicht auf die Herzl Street in ihrer damaligen Ländlichkeit. An deren Ende prangt eine orientalische Fantasieburg mit Türmen und Zinnen, doch das ist keine Fantasie, es ist das tatsächliche Herzliya Gymnasium und bezeugt die Faszination, die das Orientalische der neuen Heimat auf die frisch Angekommenen ausübte. Das Herzliya Gymnasium war ein wesentliches Symbol der jüdischen Selbstvergewisserung, war es doch das erste Gymnasium, in dem das moderne Hebräisch unterrichtet wurde.

Aus diesem Grund war der Aufruhr immens, als das Gymnasium in den 1960er-Jahren dem Bau des Shalom Meir Tower weichen musste.

DER INDEPENDENCE TRAIL

Vor seinem einstigen Wohnhaus steht die Bronzestatue von Meir Dizengoff

Eine goldene Spur schimmert in dem Plattenbelag auf den Straßen Herzl Street, Ahad Ha'Am Street und auf dem Mittelstreifen des Rothschild Boulevard. Sie markiert den Independence Trail und liefert eine lässige kleine Geschichtsstunde (www.independencetrail.co.il).

Beginn ist am **ersten Kiosk** der Stadt auf dem Rothschild Boulevard/Ecke Herzl Street. Bereits der Künstler Nahum Gutman › S. 102 hat ihn auf seinen Gemälden porträtiert. Und genau so sieht er heute noch aus, ein bisschen verschnörkelt, ein bisschen pastell. Dann folgt Station Nr. 2, der **Mosaikbrunnen** › S. 102 von Nahum Gutman. An der Herzl Street 2 liegt Station Nr. 3, das Haus des ersten Gründers des Nachbarschaftsrates von Tel Aviv, **Arie Weiss,** im schönsten Eklektizismus. Station Nr. 4 gibt's gar nicht mehr – es war das prunkvolle **Herz-**liya Gymnasium › S. 103, das dem Shalom Meir Tower zum Opfer fiel. Lord Allenby, Chaim Weizmann und Tomáš Masaryk zählten zu den Gästen des Hotel Palatin in der Ahad Ha'Am Street 28, ebenfalls im orientalisch-eklektischen Stil. Station 5 ist die **Große Synagoge** in der Allenby Street 110, ein riesiger nüchterner Bau von 1925, der wesentlich später einen Säulenumbau bekam, worüber bis auf den heutigen Tag niemand sonderlich erfreut ist.

Weitere Stationen sind das **Lederberg Haus** am Rothschild Boulevard 29, das **Haganah Museum** › S. 105, das **Benin Haus** Ecke Rothschild Boulevard/Nahalat Binyamin, das **Monument der Gründer** von Tel Aviv, die **Statue von Meir Dizengoff** und die **Independence Hall** am Rothschild Boulevard 16, die aber wohl bis 2023 wg. Renovierung geschlossen ist › S. 102.

reißen riesige Bauzäune und Baugruben Lücken in die architektonische Pracht von restauriertem Bauhaus und Eklektizismus. Wer hier baut, muss andere Häuser schützen. So wächst gerade das Hotel Ritz empor, wobei das Unternehmen die Verpflichtung eingehen musste, sieben wertvolle Häuser in seiner Umgebung zu restaurieren. Andere Eigentümer historischer Bauten können ihre Häuser nur aufstocken, wenn sie ebenfalls zur Sanierung bereit sind.

Eine Filiale des berühmtesten Schokoladenherstellers von Israel, **Max Brenner,** ist in der Nr. 45 zu finden. Mit Terrassencafé und exquisitem Shop › S. 45.

HAGANAH MUSEUM 5 📕 D5

Das Museum der Verteidigung der paramilitärischen Untergrundorganisation Haganah ist in dem Wohnhaus des Gründungsmitglieds und Kommandeurs Eliyahu Golomb untergebracht, das der Organisation gleichzeitig als Zentrale diente. Ursprünglich im Jahr 1917 als »Hashomer« (Wachleute) gegründet, die den verstreut lebenden jüdischen Siedlern zu Beginn des 20. Jahrhunderts in Palästina Schutz vor Überfällen bieten wollten, entwickelte sich daraus eine bedeutende Untergrundarmee. Deren Entwicklung wird auf vier Stockwerken dokumentiert, u. a. ihre Beteiligung im Zweiten Weltkrieg, als sie an der Seite der Briten kämpfte, bis hin zu ihren Aktionen, um die Flüchtlingsschiffe zwischen 1934 und 1948, die Eretz Israel auf illegalem Wege zu erreichen versuchten, zu schützen. Ihre bekannteste Aktion war die Begleitung der »Exodus«, was hier noch einmal eindrücklich mit erschütternden Original-Filmeinspielungen gezeigt wird. Auch der Unabhängigkeitskrieg wird ausführlich dokumentiert. Videos, Zeugnisse wie Fotos und Artikel, szenische

---

💬 **JÜDISCHE FEIERTAGE**

Das jüdische Jahr beginnt im Herbst mit dem Tischri › S. 124.
- **Rosch Hashana/Neujahrsfest** 19.09.2020, 07.09.2021, 26.09.2022
- **Jom Kippur/Versöhnungstag** 28.09.2020, 16.09.2021, 05.10.2022 › mehr S. 19 Punkt ㊷
- **Sukkot/Laubhüttenfest** 03.–09.10.2020, 21.–27.09.2021, 10.–17.10.2022
- **Chanukka/Tempelweihfest** ab 11.12.2020, ab 29.11.2021, ab 19.12.2022
- **Purim/Rettung der persischen Juden** 10.03.2020, 26.02.2021, 17.03.2022
- **Pessach/Auszug aus Ägypten** ab 09.04.2020, ab 28.03.2021, ab 16.04.2022
- **Shawuot/Wochenfest** 29./30.05.2020, 17./18.05.2021, 05./06.06.2022
- **Jom Haschoa/Holocaust-Gedenktag** 21.04.2020, 08.04.2021, 28.04.2022
- **Jom Ha'azma'ut/Unabhängigkeitstag** 29.04.2020, 16.04.2021, 06.05.2022
Eine ausführliche Beschreibung jüdischer Feste und Gedenktage – und wie man sie begeht – findet man auf www.zentralratderjuden.de.

Darstellungen: Das Museum benutzt viele Mittel, um die Aufmerksamkeit der Besucher zu fesseln. (Rothschild Blvd 23, www.irgonhaagana.co.il, So–Fr 8–16 Uhr)

ZWISCHENSTOPP: RESTAURANT

Im **Café Benedict** ❶ €€ ◗ D5 am Rothschild Blvd 29, einem der berühmtesten Cafés von Tel Aviv, kann man rund um die Uhr frühstücken. Die Gerichte haben das Format eines Mittagsessens, es gibt aber auch Kleines wie Brioche > S. 41.

Läuft man den Rothschild Boulevard in nördlicher Richtung bis zum Ende und wendet sich dann gen Osten, führt die Marmorek Street ins Viertel der in Teilen rekonstruierten Templerkolonie Sarona.

SARONA-VIERTEL ❻ ⭐ ◗ F3

Das umstrittenste und größte Denkmalpflegeprojekt in der jüngeren Geschichte Tel Avivs, zwischen Eliezer Kaplan und Shlomo Ibn Gabirol Street, wurde 2013 abgeschlossen.

Hier existierte nichts außer Sand, als im Jahr 1861 rund 50 Familien des deutschen Templerordens aus Baden-Württemberg unter der Leitung der Familie Beermann eintra-

fen. Die Siedlung wurde nach der Scharon-Ebene Sarona getauft. Ihre Mission hieß, das Heilige Land in seinem wirtschaftlichen Fortkommen zu unterstützen. Es entstanden solide Steinhäuser, sogar ein Wirtshaus mit Kegelbahn. Ihre landwirtschaftlichen Kenntnisse und neuen Bewässerungspraktiken revolutionierten die arabischen Anbaumethoden, und das Obst, Olivenöl und Gemüse fanden im gesamten Land guten Absatz. Die kleine Kolonie blühte auf. Nach Ende des Ersten Weltkriegs wurden die Deutschen von der Mandatsmacht Großbritan-

nien des Landes verwiesen; viele ließen sich in Australien nieder.

Die zweite Generation Templer schloss sich in den 1930er-Jahren Hitler an. Bald wehten Hakenkreuzflaggen auf den Dächern, und die wohlhabend gewordenen Templer-Geschäftsleute verkauften und vermieteten nicht mehr an Juden. Die britische Mandatsmacht verbot die Sekte zwar nicht, setzte sie jedoch in ihren Häusern fest. Später wurde sie des Landes verwiesen.

Die Briten nutzten die leer stehenden Gebäude als Kommandozentrale des Militärs. Dem folgte

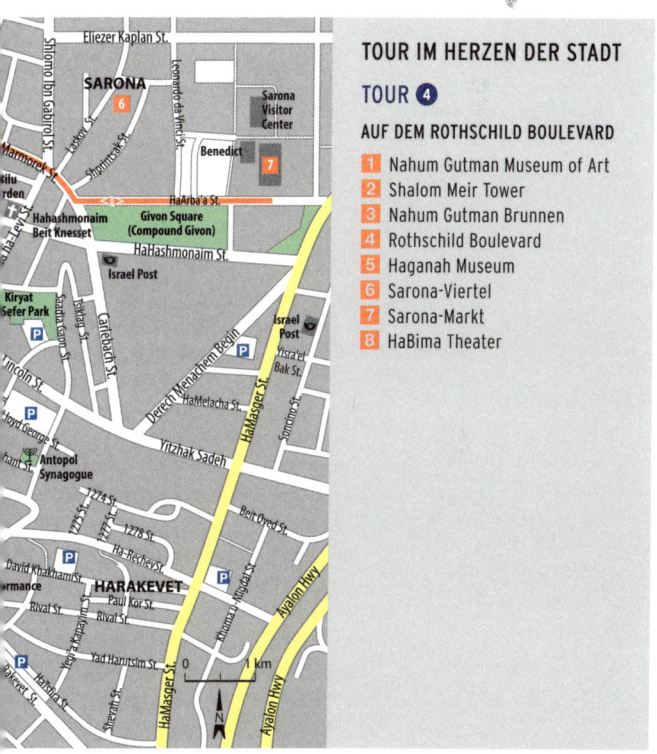

TOUR IM HERZEN DER STADT

TOUR ❹

AUF DEM ROTHSCHILD BOULEVARD

1 Nahum Gutman Museum of Art
2 Shalom Meir Tower
3 Nahum Gutman Brunnen
4 Rothschild Boulevard
5 Haganah Museum
6 Sarona-Viertel
7 Sarona-Markt
8 HaBima Theater

das israelische Militär, auch der Geheimdienst Mossad bezog Büros. Anschließend verfiel die Siedlung mit den roten Ziegeldächern, bis die Stadtverwaltung im Jahr 2003 auf die Idee kam, sie wiederzubeleben.

Praktisch umzingelt von Verkehrsschneisen und spiegelverglasten Hochhaustürmen sind nun 26 Gebäude zwischen den von den Templern angepflanzten Eukalyptusbäumen wiederhergestellt, Kinderspiel- und Picknickplätze eingerichtet worden. Eines der Gebäude wurde als Museum umgewidmet, in dem jetzt sehr anschaulich die Geschichte der Siedlung erzählt wird. Die alte Olivenölpresse, die älteste übrigens in Israel, steht zur Besichtigung offen. Und in den ehemaligen Weinkellern, in denen einst die Weine »Sarona Rot«, »Perle von Jericho« und »Jaffa Gold« für den Export nach Deutschland reiften, ist ein Whiskymuseum eingezogen. In den unterirdischen Gängen, die beide Keller miteinander verbanden, hatten israelische Armeeingenieure Flugzeugteile zusammengebaut, die ihnen die abgezogenen Briten verkauft hatten.

Wohnraum ist in dieser parkähnlichen Anlage freilich nicht entstanden, denn Sarona liegt in einem der teuersten Wohngebiete Tel Avivs. Mieter sind demnach Boutiquen, Cafés, Restaurants sowie Juwelier- bzw. Schmuckgeschäfte.

Die hohen Kosten, die all das verursacht hat (ein Gebäude wurde sogar auf extra verlegten Schienen über einen neu eingerichteten Keller gezogen) erntete viel Kritik.

SARONA-MARKT 7 📍 F3

Am Rande des Sarona-Viertels liegt der fast 9000 m^2 große überdachte Markt im Erdgeschoss eines Hochhauses. Die Auswahl des Angebots gibt vor, wer hier einkauft, denn es herrscht keineswegs Krabbeltischatmosphäre, sondern in gleißendem künstlichem Licht präsentiertes Boutique-Ambiente. Die Käsestände sind erlesen, Patisserie-, Kaffee-, Pasta- und Weinspezialitäten ebenso. Halva wird in vielen köstlichen Variationen angeboten. Den breiten Mittelgang nehmen 40 Streetfood-Bars ein, wobei man Falafel oder Hummus vergebens sucht. Das Angebot wendet sich v. a. an gut verdienende in- und ausländische Käufer (Aluf Kalman Magen St 3, Sa–Do 9–23, Fr 8–18 Uhr)

HABIMA THEATER 8 📍 E3

Über die Marmorek Street geht es wieder zurück zum **Rothschild Boulevard.** Der großflächige Platz- und Gebäudekomplex an der Kreuzung ist das 2009 neu gebaute HaBima Theater und der **HaBima Square** mit seinem tiefergelegten Blumenbeet. › mehr S. 13 Punkt ❾

Architektur und Farbwahl des Theaters beziehen sich auf die alte Bauhaus-Architektur, in die es praktisch eingebettet liegt. Es ist das erste und älteste Nationaltheater Israels, dessen Vorläufer von russischen Theaterleuten 1913 in Moskau gegründet worden war. Die Pogrome in Russland führten dazu, dass das Theater in den 1930er-Jahren nach Tel Aviv umzog. Seit 1945 steht es an diesem Platz.

ALTER NORDEN

Balkonschmuck der besonderen
Art in einer Stadt, die vor Ideen
nur so sprüht

Kreuz und quer durch den sogenannten Alten Norden, das bedeutet: das Bauhaus ist überall präsent. Mit den etwa 4000 Gebäuden ist dieser Architekturstil allerdings keineswegs nur museal zu verstehen.

Die Gebäude sind in den Jahren zwischen 1930 und 1960 errichtet worden, aber nicht unbedingt mit den kostbarsten und robustesten Materialien. Die Gleichförmigkeit der Gestaltung wurzelte in dem Gebot der Stunde, preiswerten Wohnraum für viele zu schaffen, und da griff man auch auf vorgefertigte Bauteile zurück. Mit dem durchaus erwünschten Nebeneffekt, soziale Unterschiede nicht durch unterschiedlich »wertvolle« Architekturstile zu befeuern. Und so nimmt es nicht wunder, dass sich auch das Haus – sozusagen der Präsidentenpalast – von Ben-Gurion darunter befindet, völlig unspektakulär, völlig eingebettet in seine Umgebung.

Damals schon war ein »grünes« Klima wichtig: Gärten und Straßenränder wurden mit Bäumen bepflanzt, deren Wurzeln hie und da das Straßenpflaster durchbrechen. Hier leben Menschen im lebendigen Kern einer Stadt, hier wird nicht auf Teufel komm raus durchstrukturiert und zubetoniert. Das macht Tel Aviv so modern und einzigartig.

Die Tour lässt gut das Muster der damaligen Stadtplanung erkennen, die Blockrandbebauung vorgab. Immer wieder lockern Stadtgärten und kleine Parks die Struktur des Häuserteppichs auf. Der schottische Stadtplaner Patrick Geddes legte dafür bereits 1925 die entsprechenden Entwürfe vor.

Jüngster Erweiterungsbau des Tel Aviv Museum of Art ist der Herta-und-Paul-Amir Pavillon

TOUR IM ALTEN NORDEN

KUNSTMUSEEN, BAUHAUS, PARKS & POLITIK

VERLAUF: Tel Aviv Museum of Art ›
Dubnov Garden › Rabin Square ›
Masaryk Square › King George Street
› Meir Park › Liebling Haus – White
City Center › Dizengoff Square › Bau-
haus Center › Ben Gurion Boulevard
› Ben-Gurion Haus › Marina

KARTE: Seite 112
DAUER: ca. 6 Std.
PRAKTISCHE HINWEISE:
- Das Ben-Gurion Haus schließt
  nachmittags schon früh und ist
  nur Mo bis 17 Uhr geöffnet.
- Es gibt viele Möglichkeiten für
  eine Pause in schönen Straßencafés. Die Shlomo Ibn Gabirol
  Street, die den Rabin Square
  rahmt, ist eine Paradestraße dafür,
  aber auch um den Dizengoff
  Square finden sich einige Cafés.
- Bus: Court House/Sha'ul HaMelech Blvd

**TOUR-START: TEL AVIV MUSEUM
OF ART** 1 ⭐ 8 📱 F2
Ein plattenbelegter Platz deutet an:
Hier ist ein Höhepunkt zu erwarten.
Der Höhepunkt ist das Tel Aviver
Kunstmuseum, das in einer teilwei-

se spektakulären, hochmodernen
Architektur untergebracht wurde.

Das Museum folgt anderen Prinzipien als die meisten Museen: Wo
oft Epochen und Künstler die Ord-
nung vorgeben, sind es hier die
Sammlungen der jeweiligen Spen-
der, mit denen die Pavillons gefüllt
und nach denen sie benannt wurden. Bereits im Jahr 1932 setzten die
Schenkungen ein. Werke von Manet
und Renoir begegnen einem in
mehreren der Schauen. Eine schöne
Entdeckung: Marc Chagall taucht
immer wieder mit beeindruckenden Gemälden aus dem jüdischen
Alltagsleben auf. Aber das Museum
birgt noch viele weitere kostbare
Schätze: Roy Liechtenstein, der
gleich über dem Eingang schwebt,
Jackson Pollock, Max Ernst, Claude
Pizzaro, Max Liebermann, Joan
Miró, Pablo Picasso, Edvard Munch,
dessen Zeichnungssammlung hier
wohl die umfassendste ihrer Art ist.

Plastiken, Skulpturen, Fotoausstellungen, eine Sammlung alter
Meister, Installationen, Einzelausstellungen und zahlreiche zusätzliche Veranstaltungen machen das
Museum zu einem Faszinosum.

In einem zweiten, neuen Gebäude, dem **Herta-und-Paul-Amir-Pa-
villon,** der wie ein Prisma gebaut
und über einen spiegelverglasten
Gang zu erreichen ist, befinden sich
zwei Räume von rund 245 m² Grö-
ße: die »Galerie der deutschen
Freunde«. Der Verein Freunde des
Tel Aviv Museums of Art Deutsch-

land e.V., hat sich finanziell an der Errichtung dieses Hauses beteiligt und will den Austausch von Exponaten zwischen deutschen und israelischen Museen fördern.

Der **Museumsshop** des Tel Aviv Museum of Art hat nicht nur das Übliche, sondern auch schönen Schmuck sowie Designobjekte. Im Untergeschoss gibt es eine **Cafeteria** mit Garten (Sha'ul HaMelech Blvd 27, www.tamuseum.org.il, Mo, Mi, Sa 10–18, Di, Do bis 21, Fr bis 14 Uhr).

Eine Erweiterung des Museums ist der **Helena-Rubinstein-Pavillon** for Contemporary Art ⭐ 📓 E3 mit hoch gelobten Einzelausstellungen. Er liegt in der Nähe von HaBima Theater › S. 106 und Charles Bronfman Auditorium › S. 48. (Tarsat Blvd 6, www.tamuseum.org.il, Eintritt frei).

ZWISCHENSTOPP: RESTAURANT

Auf dem Weg zum Rabin Square sollte man durch eine der hübschesten Grünanlagen der Stadt, den **Dubnov Garden,** schlendern und kann eine Pause im wunderschön gelegenen Bistro-Café **Dubnov 8** ❶ €€ 📓 E2 › S. 35 einlegen, in dem man bis mittags auch frühstücken kann.

RABIN SQUARE **2** 🏛 E2

Der riesige offene Versammlungsplatz liegt vor der City Hall, dem Rathaus der Stadt, einem typischen Hochhausbau aus den 1960er-Jahren im Béton-Brut-Stil. Der Platz nimmt in der politischen Geschichte Israels einen bedeutende Rolle ein: Er wurde zur tragischen Falle, als Yitzhak Rabin am 4. November 1995 das vor dem Rathaus installierte Podium nach seiner Rede für die »Peace Rallye« verlassen wollte und erschossen wurde. Attentäter war ein Ultraorthodoxer, der gegen den politischen Versöhnungskurs des ein Jahr zuvor mit dem Friedensnobelpreis ausgezeichneten Ministerpräsidenten rebellierte. Seit diesem Attentat geht ein tiefer Riss durch die israelisch-jüdische Gesellschaft, zuletzt sichtbar an den Diskussionen um den Spielfilm »Incitement«, der im September 2019 in die Kinos kam und die Biografie des Attentäters erzählt.

Zwei **Mahnmale** befinden sich auf dem Rabin Square: Für **Yitzhak Rabin** wurde ein mit Basaltsteinen ausgelegtes Quadrat an dem Ort errichtet, wo er zu Tode kam. Junge Anhänger der Versöhnungspolitik

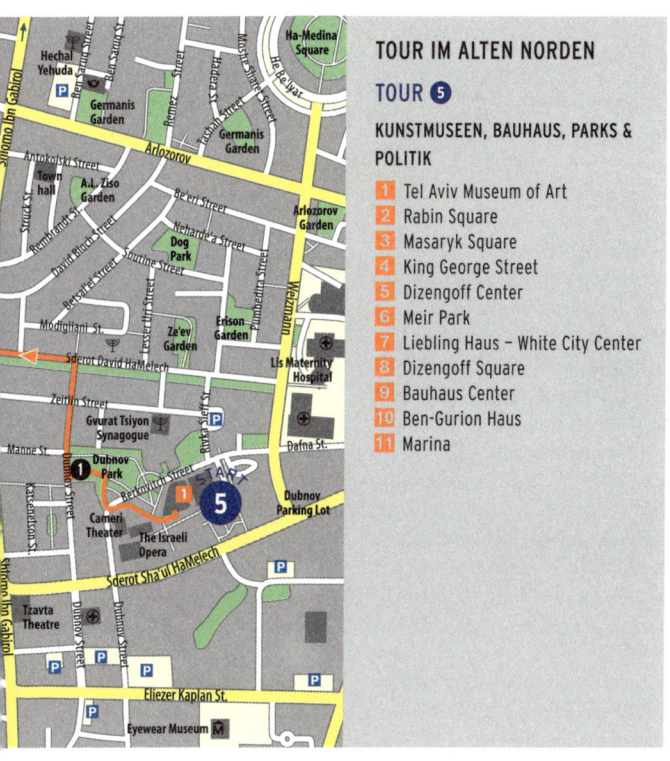

TOUR IM ALTEN NORDEN

TOUR **5**

KUNSTMUSEEN, BAUHAUS, PARKS & POLITIK

1. Tel Aviv Museum of Art
2. Rabin Square
3. Masaryk Square
4. King George Street
5. Dizengoff Center
6. Meir Park
7. Liebling Haus – White City Center
8. Dizengoff Square
9. Bauhaus Center
10. Ben-Gurion Haus
11. Marina

»Holocaust und Wiedererwachen« heißt das Mahnmal auf dem Rabin Square

hatten diesen Ort unmittelbar danach mit einem Graffito und vielen Kerzen markiert.

Den südlichen Rand des Platzes dominiert das **Holocaust-Mahnmal** des bekannten israelischen Bildhauers und Theatermanns Igael Tumarkin (*1933). Es ist eine expressionistische Arbeit – eine auf dem Kopf stehende Pyramide aus schwerem rostigen Eisen und Glas, die aber auch Assoziationen an Flügel weckt.

Wie auf so vielen öffentlichen Plätzen in Tel Aviv stehen hier Stühle und Bänke bereit, diesmal im Schatten einer winzigen Parkanlage mitten auf dem Platz.

Zum Laubhüttenfest im Oktober kann man hier die üblichen Dekorationen erstehen, und der Rabin Square ist auch Bühne für die Woche des hebräischen Buches.

MASARYK SQUARE 3 📖 E2–3
Der erste Präsident der Tschechoslowakei, Tomáš Masaryk, besuchte das gerade eben erst gegründete Tel Aviv im Jahr 1920. Nach ihm wurde diese hübsche, fast intime Grünanlage benannt. Sie liefert ein gutes Beispiel für die Architekturkonzepte einer Gartenstadt. Umrundet von Wohnhäusern im »Internationalen Stil« und geschmückt von einem

Brunnen, einem Kinderspielplatz und zwei lustigen Entenskulpturen, hat sich der Masaryk Square zu genau dem nachbarschaftlichen Treffpunkt entwickelt, als der er einst ersonnen worden war. Dass er von Cafés gesäumt wird, hat dabei natürlich auch geholfen. Er liegt bereits mitten im Bauhaus-Viertel, dem Herzen des Alten Nordens.

KING GEORGE STREET **4** ▮ D3

Schön zum Flanieren ist die Straße besonders auf dieser Höhe. Hübsche kleine Geschäfte wie Juweliere, Papetières, Galerien und Boutiquen wechseln mit Cafés ab. Das **Dizen-**

goff Center **5** ▮ D3 gibt es bereits seit 1984, zählt aber immer noch zu den beliebtesten Einkaufszentren der Stadt.

MEIR PARK **6** ▮ D4

Der große, schattige, erholsame Park mit Palmen, Kinderspielplätzen und einem Teich ist nach dem ersten Bürgermeister Tel Avivs benannt, Meir Dizengoff › S. 74.

Tel Aviv versteht sich seit vielen Jahren als Zentrum der schwul-lesbischen Bewegung, und die Stadtverwaltung hat hier in einem restaurierten Bauhaus-Gebäude Platz für die Bewegung geschaffen. Das Haus verfügt über ein beliebtes Terrassencafé, kleine Konferenzräume, ein Gesundheitszentrum und Räume für kulturelle Aktivitäten.

Über ein paar Treppenstufen in südwestliche Richtung gelangt man zunächst auf den Bialik Square › S. 74 und von da zur Idelson Street, wo ein neues kulturelles Highlight der Stadt liegt.

LIEBLING HAUS – WHITE CITY CENTER **7** ★9 ▮ C4

Der neue kulturelle Star der Stadt ist ein Musterbeispiel der Bauhaus-Architektur und ein Gemeinschaftsprojekt mit dem deutschen Bundesministerium des Innern, für Bau und Heimat (»Netzwerk Weiße Stadt«). Im ehemaligen Wohnhaus des 1936 nach Israel eingewanderten Max Liebling und seiner Frau Tony will man bei diesem Thema Brücken schlagen zwischen Deutschen und Israelis. Dabei soll es nicht nur um Architektur gehen, sondern auch um Recherchen zur Geschichte > S. 119.

Wie wurde Tel Aviv zur »Weißen Stadt?« Die Dauerausstellung beginnt mit einer Darstellung geschichtlicher Abläufe entlang einer fotografischen Zeitschiene. Wie wurde in Tel Aviv gebaut? Was passierte gleichzeitig in Deutschland? Aufnahmen der Stuttgarter Weissenhofsiedlung sind parallel angeordnet zu den Baustellen in Tel Aviv, auf denen erstaunlich viele Frauen zu sehen sind.

Frauen stehen im Blickpunkt des Liebling Hauses. Während in Dessau Frauen weben und töpfern durften, haben in Tel Aviv Frauen nicht nur auf Baustellen gearbeitet, sondern auch entworfen und gestaltet, wie beispielsweise den kreisrunden Dizengoff Square, der in den 1930er-Jahren von Genia Averbuch entworfen wird > S. 118. Das ist spannend: Über Emanzipation musste wohl nicht lange diskutiert werden.

Die Ausstellung betont das Volatile, das Offene dieses Stils, der seine Wurzeln nicht nur in Dessau hat, wie eine Landkarte verdeutlicht. Die Ausstellungsmacher sprechen deswegen auch lieber vom »Internationalen Stil«. Ideen lieferten auch Mies van der Rohe und Le Corbusier, zudem mussten Stilelemente neu gedacht werden. So wichen etwa die charakteristischen deutschen Fensterbänder schmalen zurückgesetzten Fensteröffnungen im heißen Tel Aviv.

Neben dem bedeutenden Erbe, das Frauen in der Architektur hinterließen, ist dem Museum auch ein anderer Aspekt besonders wichtig, der sogenannte Transferumbau. Ein 1933 geschlossener Vertrag zwischen der Jewish Agency > S. 128 und Nazideutschland ermöglichte es deutschen Juden, die nach Palästina auswandern wollten, ihr Vermögen auf ein Konto einzuzahlen, von dem Baumaterialien für Tel Aviv erworben wurden. Mit rund 150 Millionen Reichsmark wird diese Summe beziffert. Bei der Renovierung des Liebling Hauses sind Fliesen deutscher Herkunft gefunden und gleich an Ort und Stelle belassen worden.

Neben witzigen Ideen (etwa eine Soundinstallation im Badezimmer mit Originalfliesen) lädt das Liebling Haus zur Interaktion ein; ein Audioguide (und eine App) bringen das Haus buchstäblich zum Sprechen. Die Dachterrasse wird für Veranstaltungen und weitere Ausstellungen genutzt.

Das Liebling Haus veranstaltet auch Touren (siehe Website), hat einen Shop und die Cafeteria Lieb Kafé (Idelson St 29, www.whitecity center.org, So, Mo, Mi, Do 8–19, Di bis 21, Fr bis 14, Sa 10–18 Uhr, Eintritt frei).

DIZENGOFF SQUARE 8 📕 D3

Vom Liebling Haus führt die Pinsker Street direkt zum kreisrunden Herzen der Stadt > S. 118. Erst unlängst wurde er renoviert, um das Revolutionäre der damaligen Konzeption wieder hervorzuheben – und ihn nicht als banalen Verkehrskreisel verkommen zu lassen. Der Baumbestand wurde um Feueraka-

Wie hier auf dem Dizengoff Square stehen auf vielen öffentlichen Plätzen Bänke und Stühle

zien, Zypressen und Maulbeerbäume erweitert, acht Grünflächensegmente zwischen den Plattenbelag gelegt und – besonders wichtig – das Niveau auf Straßenniveau abgesenkt, um es Spaziergängern einfacher zu machen, ihn zu betreten. Eine Brunnenskulptur aus den 1980er-Jahren durfte bleiben.

Tagsüber bleiben die Bänke oftmals verwaist, in den Abendstunden sieht das dann ganz anders aus.

Rund um den Platz oder auch auf der Dizengoff Street liegen hübsche Terrassencafés. Happy-Hour-Drinks gibt es So–Do zwischen 17 und 19 Uhr im **La Shuk** ❷ €€ ▮ D3, wo man auch lecker essen kann.
• Dizengoff St 92 | Tel. 03-603 31 17
  en.la-shuk.co.il
  So–Do 12–24, Fr, Sa 12–16.30, 18–24 Uhr

BAUHAUS CENTER ❾ ▮ D3

Das Center wurde im Jahr 2000 eingerichtet und stellte sich schon damals der Aufgabe, dem »Internationalen Stil« in der Stadt zu mehr Aufmerksamkeit zu verhelfen – und 2003 wurde die »Weiße Stadt« dann ja auch als Weltkulturerbe deklariert. Seine Gründer arbeiteten und arbeiten mit der UNESCO zusammen. Damals waren noch weit mehr Gebäude und Häuser nicht im besten Zustand.

Das Bauhaus Center – in einem echten Bauhaus-Gebäude untergebracht – bietet wechselnde Ausstellungen zu Architekturthemen (zum Beispiel Fotoausstellungen, Art Nouveau), betätigt sich selbst als Verleger, veranstaltet immer freitags um 10 Uhr eine zweistündige englischsprachige Tour und hat

LIEBLING HAUS & INTERNATIONALER STIL

»Das Herz von Tel Aviv ist das Herz einer Frau«, sagt Sharon Golan Yaron, Architektin, Denkmalpflegerin und Programmleiterin des Liebling Hauses › S. 115, die 2019 dessen fulminante Eröffnung zum 100. Geburtstag des Bauhaus-Stils gefeiert hat. Für sie schlägt das Herz der Stadt am Dizengoff Square, und entworfen hat diesen Platz Genia Averbuch im Jahr 1934.

SYMBOL DER WEISSEN STADT

Die 1909 in der heutigen Ukraine geborene Jüdin kam als Kind mit ihrer Familie nach Tel Aviv und studierte später an der Royal Academy of Arts in Brüssel. Frisch diplomiert bewarb sie sich mit gerade einmal 25 Jahren um die Gestaltung des neuen zentralen Platzes in Tel Aviv. Ihr Vorschlag: die Kreuzung dreier Hauptstraßen in ein Rondell zu verwandeln und die Gebäude um den Platz herum leicht abzurunden, sodass sie sich dieser Form anpassen und das Besondere dieses Konzepts akzentuieren konnten. Sie erfand auch die umlaufenden Balkone als Stilmerkmal dieser Häuser. Damit war das Symbol der »Weißen Stadt« gefunden, das bis heute als Logo benutzt wird.

Bis in die 1960er-Jahre hinein galt die Vorgabe, Häuser im Bauhaus- bzw. Internationalen Stil zu bauen. Darum verfügt Tel Aviv heute über einen einzigartigen Schatz

Eine deutsch-israelische Kooperation nahm sich der Renovierung des Liebling Hauses an

der Moderne: 4000 Gebäude – so viele wie keine andere Stadt der Welt. Dieser Reichtum entzückt jeden, der diesen Architekturstil der Moderne mag, aber ihr Zustand ist oftmals alles andere als gepflegt. Im gesamten Alten Norden inklusive Rothschild Boulevard fallen die Häuser auf, immer sind sie originell, immer von dieser besonderen Leichtigkeit und gleichzeitig Stabilität, doch nur wenige in so hervorragendem Zustand wie das einstige Wohnhaus von Max Liebling.

Sharon Golan Yaron, Leiterin des Hauses

ARCHITEKTUR, FORSCHUNG & GESCHICHTE

Um dieses Haus in seiner jetzigen Form präsentieren zu können, um es so originalgetreu wie möglich zu erhalten, mussten spezielle Restaurierungstechniken angewandt werden. In einem deutsch-israelischen Gemeinschaftsprojekt haben sich Lehrlinge aus verschiedenen Handwerksschulen Deutschlands mit ihren Kolleginnen und Kollegen in Tel Aviv zusammengefunden und an den Fassaden und im Innern gearbeitet. Diese Zusammenarbeit, das gegenseitige Voneinanderlernen ist ein weiterer Schwerpunkt des Liebling Hauses, das sich auch als Forschungszentrum einen Namen machen und Brücken zwischen Israelis und Deutschen schlagen will. Bislang hat das sehr gut geklappt – das Liebling Haus ist seit seiner Eröffnung von zahlreichen Gästen aus Deutschland besucht worden.

Ein dritter Schwerpunkt ist die geschichtliche und politische Recherche. Nicht nur der »Transferum-

bau« ist Gegenstand, sondern auch die explosive These des Architekten und Schriftstellers Sharon Rotbard, dass die »Weiße Stadt« (Tel Aviv) die »Schwarze Stadt« (Jaffa) verdrängt habe. Zur Schwarzen Stadt gehören für ihn neben Jaffa auch die südlich der Weißen Stadt gelegenen nichtjüdischen und arabischen Viertel. Aus ihnen wurde während und nach dem Unabhängigkeitskrieg die arabische Bevölkerung vertrieben. Der »schwarze« Süden entwickelte sich zum Wohnort der Armen und Vernachlässigten, der Müllhalden und der Gefängnisse.

Das »Bauhaus Tel Aviv« sei kein Museum, darauf legt Sharon Golan Yaron besonderen Wert. Und auch das Liebling Haus versteht sich als lebendiges kulturelles Zentrum, als ein Laboratorium, das die Stadtentwicklungen begleiten wird.

Im ersten Stock ist neben Ausstellungsräumen auch noch ein Forschungslaboratorium für Studenten eingerichtet worden.

einen sehr gut bestückten Shop für Interessierte › mehr S. 18 Punkt **38** (Dizengoff St 77, www.bauhaus-center.com, So–Do 10–19, Fr bis 14.30, Sa bis 19.30 Uhr).

SHOPPING

Es lohnt sich, die **Dizengoff Street** entlang zu flanieren. Sie gilt als eine der hübschesten und individuellsten Einkaufsstraßen Tel Avivs. Und sie führt direkt auf den gartenhaften **Ben Gurion Boulevard** zu, der den nördlichen Rand des Stadtviertels Alter Norden markiert.

BEN-GURION HAUS 10 ▌ C2

Das bescheidene Wohnhaus von David Ben-Gurion, Israels erstem Ministerpräsidenten (1948–1954), wurde zum Museum umgewidmet, und dabei war man um Authentizität bemüht. Besucher können viele private Fotos, die Küche und das Schlafzimmer betrachten. Drei ineinandergehende Räume im ersten Stock sind komplett mit seiner beeindruckenden mehrsprachigen Bibliothek angefüllt, darunter auch sein Empfangszimmer.

Kaum zu glauben, welche Demut und Bescheidenheit dieser schlichten Residenz innewohnt, in der ja nichts weniger als eine Staatsgründung diskutiert und schließlich ausgeführt wurde (Ben Gurion Blvd 17, So, Di, Mi, Do 8–15, Mo bis 17, Fr bis 13, Sa 11–14 Uhr, Eintritt frei).

MARINA 11 ▌ B2

Es lohnt noch der kurze Bummel auf dem Ben Gurion Boulevard in Richtung Meer. Er mündet in den Jachthafen von Tel Aviv, der nördlich und südlich vom Strand eingefasst wird. Ein Stück Stadtgeschichte schrieb der 1956 erbaute und später heiß umkämpfte Salzwasserpool **Gordon Pool,** dessen Wiederaufbau die Tel Aviver ihrem Bürgermeister Ron Huldai abtrotzten.

Das Bauhaus Center stillt den Wissensdurst über die Weiße Stadt

NEUER NORDEN

HaYarkon Park, der Central Park
Tel Avivs, ist eine riesige grüne Oase
zwischen all den Hochhäusern

Im sogenannten Neuen Norden sind Bauhaus und Orientalistik abgestreift, hier konzentrieren sich feine grüne Wohngebiete, das Universitätsgelände inmitten seiner weitläufigen Parks und die besten Museen von Tel Aviv.

Die natürliche Grenze zum leicht hügeligen Neuen Norden zieht der Fluss Yarkon, der von dem üppigsten und größten Park der Stadt, Ha-Yarkon, gerahmt wird. Er ist der (schattige) Naherholungstipp par excellence, den die Tel Aviver auch sehr gern weiterempfehlen, denn hier ist für alle etwas dabei, inklusive zweier Freilichtbühnen, die besonders in den Sommernächten heiß begehrt sind. Man kann rudern, joggen, radfahren, sich an Gyms ausprobieren oder einfach im Park spazierengehen.

Einen Tag nur in Museen zu verbringen hört sich vielleicht nicht besonders aufregend an, aber das ist es ohne Zweifel. Denn diese Museen gehören zu den großartigsten Geschichts- und Politikmuseen des Landes. Von der Archäologie über das Leben in der Diaspora bis zur Haganah und dem Palmach spannt sich der Bogen, und ein Besuch des recht exklusiven und fabelhaft gelegenen Universitätsgeländes ist quasi inbegriffen. Von hier aus schweift der Blick weit über die Stadt.

Am Meer dann wartet der legendäre Hafen, Old Port Tel Aviv, in den sich während und kurz nach dem Zweiten Weltkrieg so viele illegale Flüchtlingsschiffe retteten. Heute ist der Hafen ein Ausgeh- und Vergnügungsviertel, auf dessen wellenförmiger Holzpromenade man prima flanieren kann.

Das Palmach Museum des israelischen Architekten Zvi Hecker wirkt wie eine Bunkeranlage

TOUR IM NEUEN NORDEN

TOUR
6

ZWISCHEN MUSEEN, GRÜNER LUNGE & HAFEN

VERLAUF: Beit Hatfutsot – Museum of the Jewish People › Palmach Museum › Eretz Israel Museum › Yitzhak Rabin Center › HaYarkon Park › Old Port Tel Aviv

KARTE: Seite 126
DAUER: ein ganzer Tag
PRAKTISCHE HINWEISE:
- Die vier Museen liegen in Laufnähe zueinander, drei davon in der Villengegend Ramat Aviv.
- Die 90-minütige Führung im Palmach Museum muss im Voraus vereinbart werden.
- Das Eretz Israel Museum ist in einem mediterranen Park auf acht Pavillons verteilt.
- Auch der Besuch des Yitzhak Rabin Center sollte im Voraus vereinbart werden.
- Jedes Museum hat eine Cafeteria, aber die beste ist die von Beit Hatfutsot auf dem Uni-Campus. Sie hat allerdings am Samstag geschlossen.
- Bus: Vor dem Campus mit dem Beit Hatfutsot halten mehrere Busse, z. B. 25, 36 und 271; Rückfahrt vom Old Port ab Dizengoff/Zidon

TOUR-START: BEIT HATFUTSOT – MUSEUM OF THE JEWISH PEOPLE 1 10 📖 d1

Das Museum des jüdischen Lebens im »Haus der Diaspora« ist auf dem gepflegten und großflächigen Uni-Campus in einem riesigen lichten Gebäude untergebracht. Intendiert ist, ein möglichst umfassendes Bild von jüdischem Leben überall auf der Welt zu präsentieren, und das mit modernsten Mitteln. Dass dazu auch die vielen grausamen Verfolgungen gehören und die jüdische Immigration, ist klar, aber es geht vorrangig um jüdisches Leben. Eindrucksvoll ist die **Synagogenhalle,** die Modelle des Gotteshauses überall auf der Welt zeigt und gleichzeitig vermerkt, wo und wann sie zerstört wurden. **»Operation Moses«,** d. h. die Evakuierung äthiopischer Juden, wird in kleinen Dokumentarfilmen präsentiert. In **wechselnden Ausstellungen** sind Bob Dylan, Barbara Streisand oder Leonard Cohen präsent, und **jüdischer Humor** wird in einem extra dafür gestalteten Saal mit zahlreichen Filmsequenzen (auch auf Englisch) präsentiert. Vieles ist interaktiv gestaltet. Der **Museumsshop** ist gut sortiert, und das **Aroma Café** ist die am besten ausgestattete Cafeteria (Sa geschl.) von allen vier Museen; sie gehört zur Universität und hat auch einen Außenbereich mit schönem Blick auf Tel Aviv (Tel Aviv Campus, Gate 2, www.bh.org.il, So bis Mi 10–17, Do bis 22, Fr 9–14,

Sa 10–15 Uhr; Führungen auf Englisch Do 14 Uhr).

Ein ca. 20-minütiger Fußmarsch über die **Klausner** und anschließend die **Chaim Levanon Street** bringt einen vom Uni-Campus zum Villenviertel Ramat Aviv, in dem die nächsten Museen dieser Tour nah beieinanderliegen.

PALMACH MUSEUM ▶2◀ ⭐ 📖 d2

Es ist eher eine über zwölf Räume ausgebreitete Installation, durch die geleitet wird, als ein Museum, deswegen muss die 90-minütige Führung vorab vereinbart werden. Wer nicht an einer Führung auf Englisch teilnehmen kann, behilft sich mit dem Audioguide.

Der Palmach ist 1941 aus der Haganah › S. 105 als Untergrundarmee hervorgegangen und hat an Kämpfen der britischen Mandatsmacht gegen das Nazi-Regime teilgenommen. Als die Briten Palästina verließen, blieb er als Untergrundarmee

bestehen, die sich selbst ernährte: Palmach gründete einen Kibbuz. Später organisierten und begleiteten Palmach-Mitglieder die illegale Einwanderung europäischer Juden unmittelbar nach dem Zweiten Weltkrieg (Haapala). Nach dem Ende des Unabhängigkeitskrieges ordnete David Ben-Gurion die Entwaffnung an – Mitglieder der Haganah und des Palmach arbeiteten in der Armee weiter.

Der Palmach, in dem etwa ein Drittel Frauen mitarbeiteten, verstand sich aber nicht nur als Armee, sondern auch als sozialistisch und bildungsorientiert – als gesellschaftsverändernd.

Das Ende ist der Beginn: Ein von Kerzen erhellter Gedenkraum zu Ehren der zwischen 1941 und 1949 gefallenen Palmach-Mitglieder ist Beginn und auch Ende der Tour. In den folgenden Räumen, die wie dunkle Gänge und Tunnel ausgestattet sind, wird in exemplarischen

---

💬 DIE JÜDISCHEN MONATE & WOCHENTAGE

Namen und Reihenfolge der Monate

1. **Tishrei** (Sept.–Okt.) 30 Tage, 2. **Cheshvan** (Okt.–Nov.) 29 bzw. 30 Tage, 3. **Kislev** (Nov.–Dez.) 30 bzw. 29 Tage, 4. **Tevet** (Dez.–Januar.) 29 Tage, 5. **Shevat** (Jan.–Febr.) 30 Tage, 6. **Adar** (Febr.–März) 29 Tage; im Schaltjahr wird hier ein zweiter Adar eingefügt, 7. **Nisan** (März–April) 30 Tage, 8. **Iyar** (April–Mai) 29 Tage, 9. **Sivan** (Mai–Juni) 30 Tage, 10. **Tammuz** (Juni–Juli) 29 Tage, 11. **Av** (Juli–Aug.) 30 Tage, 12. **Elul** (Aug.–Sept.) 29 Tage

Namen und Reihenfolge der Wochentage

1. **Yom Rishon** (Sonntag), 2. **Yom Sheni** (Montag), 3. **Yom Shlichi** (Dienstag), 4. **Yom Revi'i** (Mittwoch), 5. **Yom Chamishi** (Donnerstag), 6. **Yom Shichi** (Freitag), 7. **Yom Shabbat** (Samstag)

Der jüdische Tag beginnt am Vorabend und endet am darauffolgenden Tag nach Einbruch der Dunkelheit.

JÜDISCHER NATIONALFONDS & DIE JEWISH AGENCY

Die Jewish Agency ist weltweit in derzeit 39 Ländern vertreten

Von Beginn an begleiteten beide Organisationen die Gründung des Staates Israel. Der **Jüdische Nationalfonds** fußt auf einer Initiative Theodor Herzls, die er auf dem Zionistischen Kongress 1901 in Basel entwarf. Sein Ziel war der Erwerb von Land in Palästina, das dem britischen Mandat unterstand. Jüdische Gemeinden auf der ganzen Welt unterstützten diese Initiative.

Seit Gründung des Staates kümmert sich der Fonds vorrangig um landwirtschaftliche Projekte, Wasserbau, Verbesserung der Bodenqualität und Baumpflanzungen sowie um die Urbarmachung der Wüste Negev. Weitere Infos gibt es auf der deutschsprachigen Website www.jnf-kkl.de.

Die **Jewish Agency** entstand auf dem 16. Zionistenkongress im August 1929 als politische Vertretung der jüdischen Bevölkerung in Palästina. Sie allein besaß das Recht, mit der britischen Mandatsmacht zu verhandeln, war aber auch für die in Palästina lebenden Juden, die Jischuv, zuständig. Nach der Staatsgründung übernahm sie die Regelung der Aliyah, der Einwanderung, und erstellte Programme zur Förderung der jüdisch-zionistischen Erziehung. Seit dem Jahr 2000 betreibt sie eine aktive Politik zur »Rückholung« von Juden nach Israel und unterstützt Einwanderer bei ihrer Integration, z.B. bei der Arbeits-und Wohnungssuche. Weitere Infos unter www.jewishagency.org.

Filmspielszenen die Geschichte des Palmach von der Rekrutierung über die Kriege bis zur Auflösung nachvollzogen (Chaim Levanon St 10, Ramat Aviv, Tel. 03-545 98 00, palmach.org.il, So–Do 9–15, Fr bis 11 Uhr).

ERETZ ISRAEL MUSEUM

 c2

Wunderbar auf einem weiten, parkähnlichen Gelände verteilt, ist der Standort des Museums, das aus acht Pavillons besteht, gleichzeitig auch Geschichte – nämlich die einer Ausgrabung. »Tel« meint ja nicht nur Hügel, sondern bebauter Hügel, und hier thront ein archäologischer Garten direkt neben den Pavillons.

Das Eretz Israel Museum versteht seine kostbare Geschichts- und Ethnologie-Präsentation aber nicht nationalistisch, sondern stellt sie in den mediterranen und afrikanischen Zusammenhang der Region, stellt Bezüge her zu Ägypten, dem Iran und Zypern. Die Pavillons sind Materialien gewidmet, z. B. der prähistorischen Ton-, Glas- und Kupferproduktion. Ein kleinerer zeigt eine uralte Olivenölpresse, ein weiterer die Geschichte der Münzen, ein anderer ist Baron Edmond de Rothschild › S. 138 gewidmet, der »Folklore-Pavillon« vereint kostbare jüdische Ritualgegenstände und Stoffe. Viele Beschriftungen sind jedoch nur auf Hebräisch.

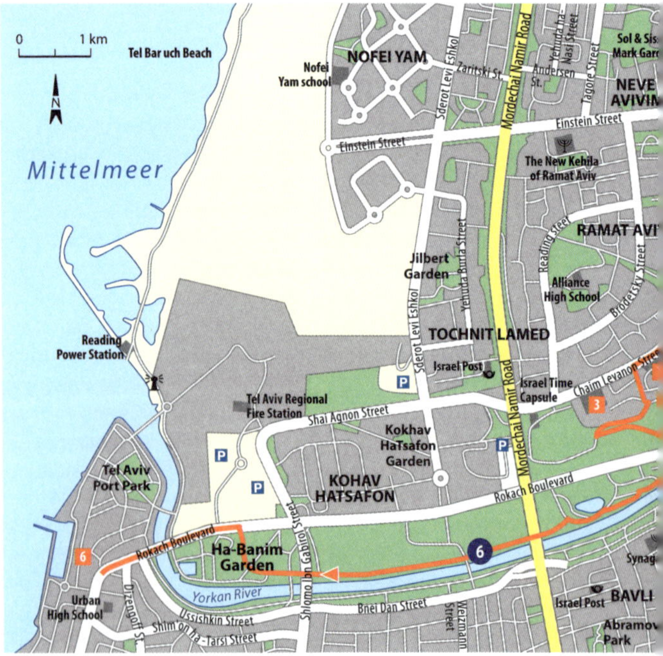

Es wird aber nicht nur der Geschichte gedacht, die Gegenwart hat viel Platz in einer Ausstellungshalle, die jeweils für aktuelle Kunstproduktionen zur Verfügung steht. Auf dem Gelände gibt es auch ein Planetarium. (Chaim Levanon St 2, Ramat Aviv, www.eretzmuseum.org.il, Mo, Mi, Sa 10–16, Di, Do bis 20, Fr bis 14 Uhr)

YITZHAK RABIN CENTER

 **4** 🏛 **12** 📖 **d2**

Der Architekt von Yad Vashem in Jerusalem, Mosche Safdie, zeichnet auch für das burgähnliche Yitzhak Rabin Center verantwortlich, und das spürt man, denn es hat eine ähnlich dramaturgische Ausrichtung: Museen als Erlebnisraum zu konzipieren, in dem etwas mit dem Besucher passiert, was über die bloße Betrachtung hinausgeht.

Das Yitzhak Rabin Center, das auch Forschungszentrum und Bibliothek ist, setzt das traurige Ende der Geschichte zugleich als seinen Beginn. Der Besucher wird in einen dunklen Raum geführt, in dem eine Dokumentarfilmaufnahme der Ereignisse des 4. 11. 1995 läuft: die Ermordung des Ministerpräsidenten und Friedensnobelpreisträgers.

Danach folgt ein Spiralgang zwei parallelen Geschichtssträngen: der privaten Biografie des Ministerpräsidenten und wie sie sich immer wieder mit der Geschichte von Isra-

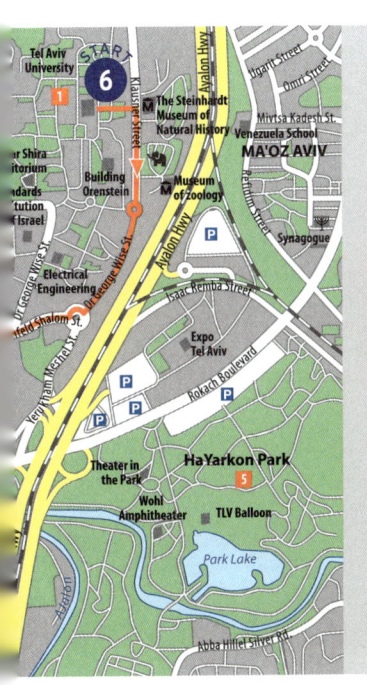

TOUR IM NEUEN NORDEN

TOUR 6

ZWISCHEN MUSEEN, GRÜNER LUNGE & HAFEN

1. Beit Hatfutsot – Museum of the Jewish People
2. Palmach Museum
3. Eretz Israel Museum
4. Yitzhak Rabin Center
5. HaYarkon Park
6. Old Port Tel Aviv

els Entstehung kreuzt. Rabins Zeit beim Militär als prägendste Station, seine Mitgliedschaft in der Haganah ＞ S. 105 (seine Mutter zählte zu den Gründerinnen) und im Palmach ＞ S. 124. Yitzhak Rabin soll einer der Vorbilder des Ari in Leon Uris Roman »Exodus« gewesen sein.

Es ist ein Rundgang im wahrsten Sinne des Wortes, mit zahlreichen Film- und Fotodokumentationen, der den Besucher am Ende wieder mit den Aufnahmen seiner Ermordung konfrontiert. Erschütternd, vor allem, weil es seit dem »Architekten des Friedensprozesses im Nahen Osten« keine vergleichbaren Initiativen mehr gegeben und sich die Situation zwischen Israelis und Palästinensern immer weiter verschärft hat. Ein Pflichtbesuch für alle an politischer Geschichte Interessierte. Vorabreservierung empfehlenswert! (Chaim Levanon St 8, Tel. 03-745 33 13, www.rabincenter. org.il, So, Mo, Mi 9–17, Di, Do bis 19, Fr bis 14 Uhr)

HAYARKON PARK 5 ★ ▮ a3–e2

Vom Yitzhak Rabin Center gelangt man über eine Brücke in den mit rund 3500 ha größten Park der Stadt (Ganei Yehoshua Park), der sich den Yarkon-Fluss entlangzieht und viele unterschiedliche Höhepunkte vereint – von einem brandneuen Hochseilgarten ＞ mehr S. 12 Punkt ❹ bis zum tropischen Palmengarten, dazu einem Fels- und Botanischen Garten. Fahrradwege durchziehen den Park, es gibt einen Bootsverleih sowie zwei Open-Air-Bühnen. ＞ mehr S. 16 Punkt ㉕ Der Park ist die grüne Lunge der Stadt und markiert die südliche Grenze des Neuen Nordens.

OLD PORT TEL AVIV 6 ▮ a3

In dem zu einem Ausgehviertel umgestalteten alten Hafen (Namal Tel Aviv) von 1938 sind in den einstigen Hangars viele Cafés, Bars und Restaurants untergebracht. Auf der Holzpromenade kann man prima flanieren. ＞ mehr S. 16 Punkt ㉕

In der Stadt und im Großraum Tel Aviv wird immer mehr in die Höhe gebaut

AUSFLÜGE & EXTRA-TOUREN

Die »goldene«, die »schöne«,
die »heilige« Stadt – Jerusalem
hat viele Namen

AUSFLÜGE

WÜSTE, OASE & TOTES MEER

VERLAUF: Tel Aviv › Masada › En Gedi › Totes Meer

KARTE: Seite 137
DAUER: 1 Tag
PRAKTISCHE HINWEISE:
- Sonnenschutz, Kopfbedeckung, Wasser und Waschzeug mitnehmen. In Masada und am Toten Meer ist die Sonneneinstrahlung sehr stark, und nach dem Bad und der anschließenden Schlammpackung ist Duschen angesagt.
- Masada: Sa–Do 8–17, Fr bis 16 Uhr, letzte Seilbahn ab Talstation jeweils 1 Std. vor Ende der Öffnungszeit (Tel. 08-658 42 07, www.parks. org.il/en).
- Dieser Ausflug wird oft auch organisiert angeboten (z. B. www.get yourguide.de). Wer ohne Mietauto selbst unterwegs sein möchte, steigt in Jerusalems Central Bus Station in den Egged-Linienbus 486 nach En Gedi bzw. zum Toten Meer um. Es besteht auch die Möglichkeit, im Kibbuzhotel En Gedi › S. 69 oder in der kleinen Hotelstadt En Bokek zu übernachten.

Der aus der Halbwüste der judäischen Berge als Solitär herausragende Tafelberg **Masada** 1 ⭐ ist in der jüdisch-israelischen Geschichtsschreibung ein Manifest und ein Symbol des heroischen Widerstands gegen Fremdherrschaft und Unterwerfung. Er erhebt sich in 450 m Höhe in der von Terrassen, Wadis und Steilhängen bestimmten wild-malerischen Landschaft am Rande des meist im Sonnenglast schillernden Toten Meeres und ist von der UNESCO 2001 zum Weltkulturerbe deklariert worden.

Bevor König Herodes I. auf der etwa 200 × 600 m umfassenden Tafelplattform von Masada um 40 v. Chr. eine Festung und mehrere Palastanlagen errichten ließ, dazu Badehäuser, Wohnstätten, Vorratslagerhöhlen und zwölf Zisternen mit einem Fassungsvermögen von 4000 m³ zum Sammeln von Regenwasser, gab es schon eine jüdische Festung. Die Herodes-Anlage wurde durch eine 1300 m lange Kasemattenmauer geschützt, und eine Rampe überwand den Sockel der extremsten Steilhänge. Dieses ganze System fußte, das zeigen die aufgefundenen Spuren und Mauerfragmente, auf einem ausgesprochen ausgeklügelten Bauplan.

Im Jahr 66 n. Chr. brach der Judäische Krieg gegen die römische Besatzung aus, nachdem der Zweite Tempel in Jerusalem zerstört worden war. Jüdische Soldaten aus der Sekte der Zeloten nahmen Masada ein und verschanzten sich zusammen mit ihren Familien. Es sollen hier etwa 960 Menschen in Höhlenwohnungen gelebt haben. Sie legten

Zahlreiche Wasserfälle im Naturreservat En Gedi sorgen für Abkühlung

ein Ritualbad und eine Synagoge an, und es wurden Vorratskammern sowie Speicher gebaut.

Die römische Besatzungsmacht antwortete mit einer monatelangen Belagerung des Felsens. Rund um Masada wurde eine Mauer hochgezogen und Kastelle dazwischen platziert. Was dann passierte, ist in der Geschichtsschreibung nicht unumstritten. Von der Aussichtslosigkeit der eigenen Lage überzeugt, beging die jüdische Bevölkerung ausnahmslos Selbstmord, um den römischen Soldaten nicht in die Hände zu fallen und das Leid der

Unterwerfung zu erdulden. Umstritten deshalb, weil nicht alle Quellen davon ausgehen, dass dieser Selbstmord von allen freiwillig mitgetragen wurde. Per Los soll ermittelt worden sein, wer als erster Soldat mit dem Töten begann – am Schluss sollen nur zwei Kinder das Massaker überlebt haben.

Zwischen dem 6. und 8. Jh. wurde Masada von byzantinischen Mönchen bewohnt, die eine Kirche mit einigen Mosaiken auf dem Plateau hinterlassen haben.

Danach geriet Masada aus dem Blickfeld und wurde erst 1838 wie-

Jam HaMelach, Salzmeer, lautet der Name des Toten Meers auf Hebräisch

derentdeckt. Das allerdings war damals eine Sensation.

Die knapp einstündige **Besteigung** von Masada ist nicht schwer oder langwierig, aber der gut ausgebaute Weg liegt zu jeder Tageszeit in der prallen Sonne und ist steil. Die meisten Besucher benutzen deshalb die hochmoderne **Seilbahn,** die weder schön noch der spektakulären Landschaft dienlich, aber eben einfach bequemer ist. In der Talstation der Seilbahn gibt es Läden, Snackbars und Restaurants, zudem ein Museum zum Gedenken an den is-

raelischen Archäologen Yigael Yadin, der in Masada in den 1960er-Jahren die baulichen Strukturen freilegte und Fundstücke sicherte.

Oben angekommen, führt zunächst ein Dokumentarfilm in die Geschichte der Felsenfestung ein. Der Pfad zu den wichtigsten Ausgrabungsplätzen, zum dreistufigen **Nordpalast** und seinen Terrassen, die in den Fels gehauen wurden, zum **Badehaus** mit Marmorsäulen, zu den **Lagerhallen,** zum großen **Westpalast** und zur **Synagoge der Zeloten,** in der Schriftrollen ent-

und laufen, denn nur der »Snake-Pfad« steht eine Stunde vor Sonnenaufgang den Besuchern offen, die Seilbahn nicht. Es gibt aber auch organisierte Touren zu dieser frühen Stunde.

Nach all den Wüstenfarben bietet das Grün der Oase **En Gedi Nature Reserve** 2 ⭐ eine willkommene Erfrischung. Die beiden Flüsse Nakhal David und Nakhal Arugot rahmen das Naturreservat ein und bringen das helle Kalkgestein buchstäblich zum Blühen – hier wachsen Akazien und Palmen. Bambus und Binsen säumen die Ufer und bieten zahlreichen Wasservögeln Schutz; im Reservat leben außerdem Steinböcke und Füchse.

Die zwischen den Steilabbrüchen gelegene Oase (mit einem dazugehörigen Kibbuz, der auch ein Hotel unterhält) wird durch mehrere Wanderwege erschlossen, wobei der »Dry Canyon Hike« etwa 5 Std. dauert, der kürzeste und bequemste zu Shulamits Wasserfall etwa 1 Std.

Das sagenhafte **Tote Meer** 3 ⭐ liegt nicht weit entfernt. Der abflusslose Salzsee, der vom Fluss Jordan gespeist wird, liegt 428 m unter Meeresniveau und wird von den Ländern Israel und Jordanien gerahmt. Die in Beige, Ockertönen und Grau gestreifte hügelige Umgebung, die es einschließt, zusammen mit den vor Mineralsalzen weiß schimmernden Uferrändern und dem türkisgrün schimmernden Wasser hat eine fast surreale Anmutung – eine einzigartige Naturlandschaft, die man nicht so oft auf der Welt sehen dürfte.

deckt wurden, ist ausgeschildert. Die Schriftrollen brachte man zunächst mit den sogenannten Qumranschriften in Verbindung, die unweit von Masada, ebenfalls in der Judäischen Wüste gefunden wurden. Die **römischen Wandmalereien** und **Fresken** sind die ältesten in Israel erhaltenen, manche Forscher sprechen deshalb auch vom »Pompeji des Südens«.

Besonders schön ist es, den **Sonnenaufgang** über dem Toten Meer in Masada zu erleben. Dazu muss man allerdings sehr früh aufstehen

Leider ist dieses Naturwunder davon bedroht, zu verlanden – was große Teile bereits auch sind, denn dem Jordan wird mehr Wasser entnommen als für die Aufrechterhaltung des Status quo erforderlich wäre. Auch die kommerzielle Salzgewinnung trägt dazu bei.

Das Tote Meer weist rund 30 % Salze im Wasser auf. Im Vergleich: Der Salzgehalt im Mittelmeer liegt bei rund 3 %. Diese Konzentration und die besondere Zusammensetzung der Mineralien im Toten Meer üben eine heilende Wirkung bei Haut- und Atemwegserkrankungen aus. Gesundheitstourismus ist demzufolge auch die wichtigste Einnahmequelle der Region. Das Wasser sollte man allerdings nicht schlucken, weil diese Konzentration giftig für den Organismus ist, und man sollte darüber hinaus weder richtig schwimmen noch sich länger als 20 Min. im Wasser aufhalten.

An mehreren Stellen lagert ein grauer Schlamm am Ufer des Toten Meers, der für Körpermasken angewendet wird. Man trägt ihn einfach auf, lässt ihn trocknen und spült ihn dann unter der Dusche gründlich ab. Dafür stehen Waschräume zur Verfügung, ebenfalls gibt es Snackbars im Schatten.

»Schlammschlacht« am Toten Meer

KREUZFAHRERSTADT AKKO 4 ⭐

VERLAUF: Tel Aviv › Akko

KARTE: Seite 137
DAUER: 1 Tag
PRAKTISCHE HINWEISE
- Anreise: Bus 50 vom Busbahnhof Savidor Center in Tel Aviv, Direktverbindung nach Akko in 1,5 Std. Vom Bahnhof in Akko läuft man ca. 30 Min. bis zur Altstadt oder nimmt den Bus.
- Eingang zum Templer-Tunnel in der Asher St 37, tgl. 9–19 Uhr.
- www.akko.org.il/de

Akko ist einer der atmosphärischsten und orientalischsten Orte in Israel. Er ist faktisch zweigeteilt in eine großflächige **moderne Stadt,** in der sich v. a. die jüdische Bevölkerung angesiedelt hat, und die von einer alten Stadtmauer eingefasste **Altstadt** mit Kirchen und traditionellen Märkten. Hier liegt auch der geschichtsträchtige **Hafen.**

Über Akko sind aufgrund seiner strategisch günstigen Lage viele Herrscher hinweggezogen und haben ihre prägenden Spuren hinterlassen – Phönizier, Römer, Perser, Griechen –, doch das wirklich Einzigartige ist die **unterirdische Kreuzfahrerstadt,** die einen ganz besonderen Zauber ausstrahlt. Sie liegt in der Altstadt, die wie ein kleines Kap ins Mittelmeer ragt und ein bisschen labyrinthisch wirkt. Aber

man findet sich trotzdem gut zurecht, denn sie ist nicht sehr groß. Die vielen lebhaften Basare und Shuks, z. T. Relikte alter Karawansereien, sind eine weitere Attraktion.

Zur Zeit der mittelalterlichen Kreuzfahrerzüge stand Akko im Mittelpunkt der Pilgerreisen ins Heilige Land, weil Jerusalem verschlossen blieb. Im Jahr 1104 belagerten Kreuzritterheere die Stadt und nahmen sie ein. Die politische Lage erwies sich zunächst als stabil, sodass die Städte Genua, Pisa und Venedig dort Handelsniederlassungen einrichteten. Doch Akko blieb ein Spielball der Mächtigen und der Religionen: Sultan Saladin eroberte Akko zurück, der legendäre Richard Löwenherz und sein Heer nahmen es im Jahr 1191 erneut ein. Immense Spannungen herrschten in der Stadt, die damals rund 50 000 Einwohner zählte.

Ein Jahrhundert später richteten Christen ein Blutbad unter der muslimischen Bevölkerung an, doch kurz darauf zerstörten die Mamelucken Akko. Die wechsel- und leidvolle Geschichte ist damit nicht zu Ende erzählt: Drusen besiedelten die zerstörte Stadt im 18. Jh. und bauten sie wieder auf, in der Mitte des 19. Jhs. eroberten sie die Ägypter, 1918 die Briten, 1948 dann die Israelis. Die vielen Eroberungen und Belagerungen haben dazu geführt, dass auf den Ruinen der zerstörten Bauwerke und Mauern neue Gebäude errichtet wurden, und tatsächlich ist Akko leicht hügelig.

Die unterirdische Kreuzfahrerstadt erstreckt sich unterhalb der

Akkos mehrtausendjährige Geschichte findet sich über und unter der Erde

Zitadelle ziemlich nah am Eingang zur Altstadt. Hier liegt auch die gut ausgestattete **Touristeninformation,** eingefasst von einem schönen, ruhigen, mit Palmen bestandenen Park. Sie hält viele Prospekte und auch einen Audioguide für Besucher bereit. In der Kreuzfahrerstadt bewegt man sich zwischen hohen Gewölben und Gängen. Am beeindruckendsten ist das **Refektorium der Johanniter,** denn es befindet sich in einem von 12 m hohen Säulen getragenen Kreuzrippengewölbe. Der Effekt ist gigantisch.

Hinter einer Treppe wurde damals ein Fluchtweg hinaus zum Hafen angelegt, der sogenannte **Tunnel der Templer.** Auch er ist eine besondere architektonische Leistung, an manchen Stellen schmal und niedrig, an anderen hoch und bequem. Lichtschächte leiten den Besucher durch die Dunkelheit.

Vom Ausgangstor sind es nur noch ein paar Schritte zum trubeligen **Fischereihafen Ha Dayagim** und der Marina. Kinder machen sich einen Spaß daraus, von den Klippen zu springen. Es warten eine Menge bunter Fischrestaurants und Cafés auf Besucher.

Akko wimmelte einst von durchreisenden Händlern, und zur nächsten Sehenswürdigkeit, der **Karawanserei Khan al-Umdan,** ist es nicht weit. Sie stammt aus der osmanischen Zeit und zeigt den damals charakteristischen Bau: ein weiter Platz, auf dem die Waren ausgebreitet wurden, gesäumt von zweistöckigen Arkadengängen. Im 1. Stock war die Herberge für die Händler untergebracht. Die Arkaden bestehen aus antiken römischen, doppelbogigen Säulenreihen, die wohl aus Caesarea nach Akko herbeigeschafft worden waren. Verblüffend in diesem orientalischen Oval ist der Uhrenturm aus dem Jahr 1906.

Man sollte sich jetzt durch die bunten Basare und alten Shuks treiben lassen und duftende Gewürze, Seifen, Parfüms, Schmuck oder Souvenirs erstehen. Der **Weiße Markt** (Suq Al-Abiad) führt zur **Al-Jazzar-Moschee,** die im 18. Jh. auf den Ruinen einer Kreuzfahrerkirche errichtet wurde. Sie ist die drittgrößte Israels und ein weiteres architektonisches Juwel von Akko. Das hohe, schlanke, spitz zulaufende und grün bemalte Minarett überragt stolz und weithin sichtbar die Silhouette der Altstadt. Zusammen mit dem Kuppelbau des hell leuchtenden mus-

limischen Gotteshauses und einem hübschen, ebenfalls mit einem grünen Dach versehenen Kiosk, **Sabil,** am Eingang verkörpert sie ein Relikt aus der Epoche osmanischen Glanzes. Cezzar Ahmet Pascha, Gouverneur von Akko, der die Moschee erbauen ließ, fand sowohl als Bezwinger Napoleons, der Akko vergeblich 1799 belagerte, als auch als besonders grausamer Herrscher Eingang in die Chroniken. Jenseits der Eingangsmauer öffnet sich ein Garten mit einem überdachten Pavillon für die rituelle Reinigung. Die Moschee selbst ist mit kostbaren Mosaiken, Marmortäfelungen und Kronleuchtern ausgestattet.

DIE ROTHSCHILDS

Gesher, einer der ältesten und immer noch aktiven Kibbuzim in Israel, in der Nähe des Sees Genezareth gelegen, ist eine der zahlreichen Gründungen, die **Baron Edmond de Rothschild** (1845–1934) finanzierte. Er gehörte dem französischen Zweig der berühmten Frankfurter Bankiersfamilie an und begann bereits 1882, Boden in Palästina zu erwerben und die zionistische Bewegung sowie die Einwanderung nach Israel zu unterstützen, indem er die gekauften Landflächen der von ihm gegründeten Palestine Jewish Colonization Association übergab. Schätzungen zufolge investierte der Baron rund 50 Mio. Dollar in jüdisches Land und Siedlungen.

Ein weiteres Mitglied der französischen Familie Rothschild ist mit Israel eng verknüpft: **Bethsabée de Rothschild** (1914–1999) gründete 1964 die mittlerweile weltberühmte **Batsheva Dance Company** in Tel Aviv › S. 63 gemeinsam mit der US-amerikanischen Tanzlegende Martha Graham, für deren Kompanie sie zunächst als Kostümmeisterin arbeitete. Die in Paris und New York als Biologin und Chemikerin ausgebildete Bethsabée, die sich im Zweiten Weltkrieg den Alliierten anschloss, begeisterte sich bereits in den 1940er-Jahren für den Modern Dance. Sie wollte hochwertiges modernes Ballett auch in Israel etablieren, in das sie 1962 gezogen war und sich seitdem Batsheva nannte. Martha Graham fungierte als künstlerische Leiterin und arbeitete mit den israelischen Tänzern und Tänzerinnen in ihrer eigenen Kompanie. Später gründete Batsheva die etwas konventioneller ausgerichtete Tanztruppe Bat Dor.

Die Batsheva Dance Company beim »Gaga«-Training im Suzanne Dellal Center

EXTRA-TOUREN

TEL AVIV IN ZWEI TAGEN

VERLAUF: Strandspaziergang › Carmel-Markt › Kerem HaTeimanim › Neve Tzedek › HaTachana › Jaffa › Clock Tower › Hafen von Jaffa › Beit Hatfutsot › Yitzhak Rabin Center › Tel Aviv Museum of Art › Rothschild Boulevard › Jabotinsky Institute/Irgun Museum › Dizengoff Square › Liebling Haus/Idelson Street › Frishman/Gordon Beach › Old Port Tel Aviv

KARTE: Faltkarte
DAUER: Jeweils ein ganzer Tag inkl. Museumsbesuche und Zeit am Strand
VERKEHRSMITTEL: 1. Tag: Die Tour wird zu Fuß zurückgelegt. 2. Tag: Ausgangspunkt ist der Uni-Campus mit dem Beit Hatfutsot, wo mehrere Busse halten (Diaspora Museum/Klauzner), z. B. 25, 27 und 36.

1. TAG Wenn eine Stadt schon den Riesenvorteil hat, eine wunderbare **Strandpromenade** (Tayelet) und 14 km feinsandigen Strand zu haben, dann sollte man das zweifellos in Anspruch nehmen. Es hebt auch gleich die Laune, so vielen gut gelaunten Tel Avivern beim Sport zuzusehen und selbst ein bisschen mitzulaufen. › mehr S. 12 Punkt ❶ Die Strandpromenade kann man auch genießen, wenn man mit einem E-Scooter unterwegs sein möchte. Auf der Promenade wurde eine Spur für Fahrradfahrer und E-Scooter eingerichtet, dort gibt es auch Verleihstationen.

Eines der Highlights des vormittäglichen Tel Avivs ist das Versinken, ja Verlaufen in dem weiträumigen **Carmel-Markt** › S. 75 mit seinen ungezählten kleinen Verkostungsständen, Saftläden und Imbissbuden, welche Hummus, die in Israel allgegenwärtigen Salate, Challah-Zöpfe und Käse anbieten. Die Pforte bildet die Kreuzung Allenby/HaCarmel Street. Ein frisch gepresster Granatapfelsaft und eine halbmondförmige Boureka könnten als zweites Frühstück dienen, wenn einem nicht der Sinn nach süßer Halva steht oder nach den in Sirup getränkten Baklava, die auf meterbreiten Blechpaletten lagern und die es in unzähligen Varianten gibt. Der Carmel-Markt ist aber auch neben allen touristischen Qualitäten und Klamotten- und Souvenirläden ein Lebensmittelmarkt für die Tel Aviver, wenn auch nicht gerade der billigste. Im Hintergrund wartet das alte jemenitische Viertel

Kerem HaTeimanim › S. 77 auf Entdeckung, und dort verbirgt sich auch manch kleines Restaurant.

Neve Tzedek › S. 78 ist der älteste Stadtteil von Tel Aviv, was man ihm aber nicht mehr ansieht: Die kleinen, zumeist ein- bis zweistöckigen Wohnhäuser sind größtenteils komplett saniert, in Pastellfarben getaucht und von Blumenranken umgeben worden – gentrifiziert muss man leider sagen. Aber dafür sieht es hier jetzt äußerst idyllisch aus. Viele Galerien haben sich besonders an der Shabazi Street niedergelassen, Boutiquen, Schmuckgeschäfte, Cafés und Restaurants. Zwei kleine Museen liegen am Rand: das **Rokach House** in der Shimon Rokach Street 36 und das **Nahum Gutman Museum** › S. 102, das Werke des Malers und Bildhauers in seinem ehemaligen Wohnhaus zeigt.

An der Shabazi Street befindet sich auch das **Suzanne Dellal Center** › S. 78, und hier hat die weltberühmte **Batsheva Dance Company** ihre Heimat. Genau gegenüber lockt das beschattete und gut besuchte Gartencafé Suzanna › S. 81 für eine Pause, wenn man nicht im Terrassencafé des Dance Centers unter Sonnenschirmen eine Rast einlegen will.

Ebenfalls gründlich umgeformt wurde der alte Eisenbahnhof **HaTachana** › S. 81, der einst Jaffa mit Palästina verband. Zwei ausgediente Waggons auf einem Abstellgleis geben gleich am Eingang Auskunft darüber, wie man frü-

---

 JABOTINSKY INSTITUTE

Neben dem Haganah Museum › S. 105 und dem Palmach Museum › S. 124 beschäftigt sich ein kleineres Museum in Tel Aviv auch mit dem **Irgun** (Etzel), einer weiteren paramilitärischen, zwischen 1931 und 1948 bestehenden jüdischen Untergrundorganisation. Der spätere Ministerpräsident Menachim Begin, ein politischer Widersacher Ben-Gurions, war ein Mitglied des Irgun. Ursprünglich gehörten seine Mitglieder der Haganah an, unterschieden sich von ihr jedoch durch ihr radikal-terroristisches Auftreten, von dem sich die Haganah distanzierte. Für den Irgun hatte jeder Jude das Recht, in Israel zu siedeln, die britische Armee anzugreifen und die arabische Bevölkerung zu vertreiben, die für sie nichts anderes als Eindringlinge waren. In der Zeit der arabischen Revolte 1936–1938 und unter Führung des damaligen Oberkommandeurs **Wladimir Zeev Jabotinsky** verübte der Irgun immer wieder Angriffe auf die britische Mandatsmacht. Am bekanntesten wurde der Anschlag auf das King David Hotel in Jerusalem am 22. Juli 1946.

Das Museum zeigt auf einem Stockwerk Fotodokumente und Schriftstücke sowie Zeitungsausschnitte. Die verschiedenen Aktionen werden in ihrer Planung und Ausführung geschildert. Erläuterungen sind meist auf Hebräisch abgefasst, mit kurzen Schrifttafeln auf Englisch unter den Vitrinen (King George St 38, en.jabotinsky.org, So–Do 8–16 Uhr).

Einst dem Verfall preisgegeben ist Neve Tzedek heute eines der angesagtesten und teuersten Stadtviertel Tel Avis

her einmal reiste. Jenseits davon sind in einzelnen Pavillons Geschäfte, Cafés und kleine Restaurants untergebracht – der HaTachana ist ein buntes kleines Flanierziel und gut für eine Kaffee- oder Mittagspause.

Zwei Wege führen nun in das alte arabische **Jaffa** › S. 83, das sich immer mehr zu einem Ziel der alternativen Künstlerszene entwickelt. Keine Wolkenkratzer, kein Bauhaus weit und breit, sondern architektonische Relikte der osmanischen und arabischen Zeit. Man kann ans Meer zum Alma Beach pendeln und noch einmal auf Sand laufen und von dort den **Clock Tower** › S. 84 ansteuern, das Eingangsportal nach Jaffa, oder man wählt die Kaufmann Street. Westlich davon erhebt sich ein Hügel, in dem nach römischen und griechischen Relikten des historischen Jaffa gegraben wurde, und dahinter thront die **St. Peter's Church** › S. 87, die einstmals Templer hier anlegten. Eine Fundgrube für alle Vintage- und Trödelfans ist nicht nur der **Jaffa Flea Market** › S. 91, auch die umliegenden basarähnlichen Läden verströmen viel orientalisches Flair.

Zum Abschluss lädt das **Ilana Goor Museum** › S. 88 in den verwinkelten Altstadtgassen voller Galerien und Kunsthandwerksgeschäften zum Besuch. Wer sich die Sammlung nicht ansehen kann bzw. wenn einem schon die Zeit davongeeilt ist, dem sei zumindest ein Blick auf das Haus empfohlen – es war nämlich einmal eine Kreuzritterburg und danach ein Palast aus dem Jahr 1742, den die Künstlerin restauriert hat.

Der malerische **Hafen von Jaffa** › S. 90 liegt genau unterhalb dieses Viertels und ist, gleichwohl noch in Betrieb, Stück für Stück zur Ausgehmeile umgewandelt worden.

2. TAG Diesmal beginnt der Tag nicht am Meer, sondern mit einem anspruchsvollen, aber auch unterhaltsamen Geschichtsunterricht: im **Museum of the Jewish People** im **Beit Hatfutsot** › S. 123 im Neuen Norden von Tel Aviv, auf dem großzügigen Gelände der Universität. Die umfassende Schau jüdischer Geschichte, von den Migrationsbewegungen bis zu religiösen Symbolen und themenbezogenen Ausstellungen, ist sehr lohnend für alle, die in Tel Aviv nicht nur Party und Strand erwarten, sondern wissen wollen, auf welchem Boden sie sich befinden.

Ein kleiner Spaziergang führt zu einem weiteren Höhepunkt der geschichtlichen und politischen Aufarbeitung des Landes: dem **Yitzhak Rabin Center** › S. 127. Das Haus, vom selben Architekten konzipiert wie Yad Vashem in Jerusalem, beleuchtet sowohl die Biografie des Ministerpräsidenten und Friedensnobelpreisträgers als auch die junge Geschichte des Landes. Mit dem Bus geht es hinunter zum nächsten Museum: Das **Tel Aviv Museum of Art** › S. 111 besticht schon von außen durch seine aufsehenerregende Architektur und zeigt viele verschiedene Sammlungen mit Werken der bedeutendsten Künstler des 19. und 20. Jhs., darunter zeitgenössische Installationen, Fotografien, Skulpturen und Projekte israelischer Künstler.

Jetzt beginnt der gemütliche Teil: Rasten Sie auf einer der schönen Wiesen auf dem bezaubernden **Rothschild Boulevard** › S. 103, denn dort ist der Stop in einem der traditionellen Kioske Pflicht. Viele Tel Aviver frühstücken sogar hier. Oder man sucht eines der zahlreichen Terrassencafés auf. Die Marmorek Street führt direkt zu einem der ersten Einkaufszentren der Stadt, dem **Dizengoff Center** › S. 115, doch zuvor könnte man dem **Jabotinsky Institute** › S. 140, das das Irgun Museum beherbergt, einen Besuch abstatten. Mittels faksimilierter Dokumente und Fotos werden die gegen die britische Mandatsmacht gerichteten Aktionen der paramilitärischen Organisation Irgun nachgezeichnet.

Zum aufsehenerregenden kreisrunden **Dizengoff Square** › S. 116, dem Zentrum des **Bauhaus-Viertels**, sind es ab hier nur ein paar Minuten. Über 4000 Gebäude wurden in diesem bahnbrechenden Architekturstil errichtet. Bis in die 1960er-Jahre war es Pflicht, im internationalen Stil, wie er hier heißt, zu bauen. Als die Stadt von 1919 an aus verschiedenen verstreut liegenden Siedlungen erwuchs, waren moderne, preiswerte Baumaterialien und ein schnell zu handhabender Baustil ohne große Verzierungen gefragt – die prägenden Merkmale dieser Architektur. Das Jubiläumsjahr 2019 – 100 Jahre Bauhaus – nahm auch Israels Metropole zum Anlass, ihren Schatz an diesem besonderen Stil zu präsentieren – weltweit existiert ja kein größerer Fundus. Anschauliche Beispiele sind überall zu sehen, das ganze alte

Tel Aviv ist die Stadt der Kontraste – kopfsteingepflasterte Gassen mit niedrigen Häusern wie hier und modernste Hochhaustürme gleich um die Ecke

Stadtzentrum ist voll davon. Auch ein Besuch des **Bauhaus Center** › S. 117, das sich seit 2000 um dieses Erbe kümmert, lohnt.

Doch der neue Bauhaus-Publikumsmagnet ist das **Liebling Haus** › S. 115 mit seinem White City Center an der **Idelson Street.** Es organisiert Führungen und hat eine sehenswerte Ausstellung, in der interessante Bezüge zu deutschen Parallelentwicklungen gezeigt werden.

Zum Abschluss dieses anspruchsvollen Tages sollte man sich dann doch noch ein Bad im Meer gönnen; zum **Frishman** oder **Gordon Beach** sind es nur 10 Min. Den Abend ausklingen lassen kann man im **Old Port Tel Aviv** › S. 128 mit seinen zahlreichen Bars und Restaurants.

EIN TAG IN JERUSALEM

VERLAUF: Ölberg › alter jüdischer Friedhof › Garten Gethsemane mit Kirche der Nationen › Löwentor › Altstadt › Via Dolorosa › Grabeskirche › Klagemauer › Felsendom › Jaffa Street › Mahane-Yehuda-Markt

KARTE: Seite 146
DAUER: Ein ganzer Tag.
VERKEHRSMITTEL: Egged-Bus 405 vom zentralen Busbahnhof in der Levinsky Street in Tel Aviv zum zentralen Busbahnhof Jerusalem (www.egged.co.il/eng; Abfahrten ca. alle 20 Min., Dauer 1 Std.). Von dort umsteigen in den klimatisierten Light Train, eine Straßenbahn, zur Station Damascus Gate (citypass.co.il/en). Die Tram verbindet den Norden Jerusalems mit dem Westen und bringt einen auch zum Mahane-Yehuda-Markt und nach Yad Vashem (Haltestelle Mount Herzl). Infos auch unter www.itraveljerusalem.com.
HINWEIS: Beim Besuch der Jerusalemer Altstadt müssen Sie auf angemessene Kleidung achten, d. h. langärmelig (oder einen Schal über kurze Ärmel legen), keine Shorts, und Frauen tragen längere Röcke oder Hosen mit einem weiten Oberteil darüber.

Das Panorama von Jerusalem mit der goldglänzenden Kuppel des Felsendoms ist einzigartig, am besten also, man genießt zunächst den Aus- und Überblick, z. B. vom **Ölberg** **1** aus (Bus 84 vom arabischen Busbahnhof am Damaskustor zum arabischen Dorf AtTur). Von der Terrasse des Hotels Seven Arches ist der Ausblick auf Stadtmauern und -tore, auf die vielen Kirchen und den Felsendom schlichtweg magisch.

Von der aus dem hellen Stein Jerusalems gebauten **Himmelfahrtskapelle** ganz in der Nähe des Aussichtsplatzes aus soll Jesus laut Lukas-Evangelium in den Himmel gefahren sein. Der gesamte Hügel bis hinunter ins Tal des Kidron ist **alter jüdischer Friedhof,** auch die Dichterin Else Lasker-Schüler ist hier begraben. Ein schmaler Pfad schlängelt sich von den Prophetengräbern (ausgeschildert) hinunter an der russisch-orthodoxen **Maria Magdalena Kirche** **2** vorbei, die Zar Alexander 1886 bauen ließ. Im Tal breitet sich der **Garten Gethsemane** **3** aus, der Ort, an dem Jesus vor seiner Gefangenahme durch römische Soldaten seine letzten Stunden verbracht haben soll. Auf dem Gelände befindet sich die **Kirche der Nationen,** ein dreischiffiger Bau im orientalischen Stil, wie er zum Zeitpunkt der Errichtung

1924 sehr populär war. Sie erhebt sich über einer Basilika aus dem 4. Jh., aus der später Kreuzfahrer eine eigene Kapelle schufen.

Es besteht nun die Möglichkeit, durch das **Löwentor** 4 in die mauerumgürtete Altstadt zu gelangen. Die mächtige, unter Sultan Suleiman errichtete Mauer (1537–1541) gewährt über acht Tore Eingang in die verwinkelte **Altstadt,** dem unbestreitbaren Juwel und Herz Jerusalems. Nirgendwo sonst liegen die größten Heiligtümer der drei Weltreligionen so dicht beieinander, nirgendwo sonst ist eine solche Intensität zu spüren. Nördlich von diesem Eingang erstreckt sich das muslimische Viertel, durch das sich auch Teile der **Via Dolorosa** 5 schlängeln. Die Altstadt teilt sich weiter in ein christliches, ein jüdisches und ein armenisches Viertel.

Das Löwentor – so genannt wegen zweier Pantherreliefs aus dem Jahr 1260, die den Eingang schmücken – öffnet sich auf die Via Dolorosa. Ihr Verlauf und die Stationen sind historisch keineswegs verbürgt – der Kreuzweg ist nämlich eine Erfindung des Mittelalters. Die Via Dolorosa ist ausgeschildert, es ist also nicht allzu schwer, sich in dem Gässchengewirr zurechtzufinden. Und außerdem ist sie so stark frequentiert, dass man problemlos nachfragen kann.

Heiligtümer zweier Weltreligionen: islamischer Felsendom und jüdische Klagemauer

Die erste Station, also dort, wo Jesus sein Urteil entgegennehmen musste, befindet sich innerhalb der muslimischen Schule **El-Omariya,** die zweite, bei der er das Kreuz schultern musste und gegeißelt wurde, gegenüber auf einem kleinen Innenhof mit den **Kapellen der Verurteilung** und **der Geißelung.** Die dritte Station an der **polnischen Kapelle** ist die, an der er zum ersten Mal fiel. Dies ist einem Relief festgehalten. Wer die Via Dolorosa freitags besucht, kann hier die **armenische Kirche** besichtigen, die nur an diesem Tag öffnet. Den weiteren Fortgang kann man kaum verfehlen, liegt doch schräg gegenüber das **Österreichische Hospiz** **6**, dessen Kaffeegarten sich zu einem Touristenhotspot entwickelt hat. › mehr S. 13 Punkt **8**

Die Straße führt jetzt südlich einige Treppen hinauf und durch einen übertunnelten Gang mitten durchs muslimische Viertel und den **Basar Khan Ez-Zeit** mit einer Fülle von Wohlgerüchen und Religionskitsch. Die nun folgenden Stationen sind meist mit Reliefs an Mauerwänden oder Türen markiert. Die achte Station ist durch ein Kreuz in der Mauer eines griechischen Klosters bezeichnet, die neunte liegt um die Ecke des koptisch-orthodoxen Patriarchats. Um zur Grabeskirche zu gelangen, kehrt man zur Khan Ez-Zeit zurück und erreicht dann rechter Hand den **Souk al-Dabbagha** und die russische **Alexander Niyevski-Kirche,** die Überreste der ursprünglichen, unter Kaiser Konstantin im 3. Jh. errichteten Grabeskirche enthält. Jetzt sind es nur noch wenige Schritte zur heutigen **Grabeskirche** **7**

TOUR IN JERUSALEM

TOUR **8**

EIN TAG IN JERUSALEM

1. Ölberg
2. Maria Magdalena Kirche
3. Garten Gethsemane
4. Löwentor
5. Via Dolorosa
6. Österreichisches Hospiz
7. Grabeskirche
8. Klagemauer
9. Tempelberg
10. Felsendom
11. Al Aqsa-Moschee
12. Jaffa Street
13. Mahane-Yehuda-Markt

Der Zutritt zum Tempelberg ist für Nicht-Muslime beschränkt

und ihrem Vorhof, auf dem die letzten Stationen des Kreuzweges liegen. Sie erhebt sich über dem Hügel Golgatha und dem Grab Jesu – und gehört zu den am heftigsten umkämpften Heiligtümern des Christentums, teilen sich doch sechs Religionsgemeinschaften Besitz und Pflege dieses höchsten Symbols der Christenheit. Leider verläuft das oft nicht friedlich.

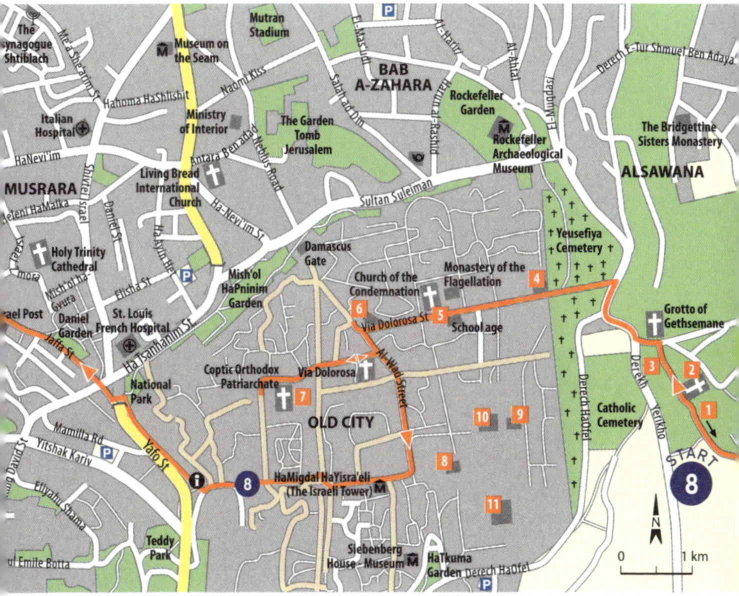

Die Küche Israels ist ein Mosaik unterschiedlicher kulinarischer Traditionen

Übrigens liegt nach der Überzeugung protestantischer Gläubiger das Grab Jesu im **Gartengrab** in der Nablus Road in Ostjerusalem, vom Damaskustor leicht und schnell zu erreichen.

Um zum größten Heiligtum der Juden, der **Klagemauer** 8 (Western Wall, ausgeschildert) zu gelangen, kann man auf der Via Dolorosa zurückkehren und bei der fünften Station in die Gasse El-Wad einbiegen, die direkt auf den Platz vor der Klagemauer führt. Jenseits der Sicherheitskontrollen öffnet sich ein riesiges freies Areal, verblüffend nach den vielen engen Gässchen, und die Stimmung ist meist festlich und fröhlich. Die westliche Mauer blieb als einzige vom mächtigen zweiten Tempel Salomos bestehen. Er war von den Babyloniern unter Nebukadnezar im 6. Jh. v. Chr. zerstört und später wieder aufgebaut worden. Heute wird er von Gläubigen belagert, die Männer links, die Frauen rechts (wer nicht angemessen gekleidet ist, bekommt einen Umhang), die hier ihre Gebete sprechen und Bittgesuche in

die Mauerritzen stecken. Freitagabend vor dem Beginn des Shabbat ist es hier besonders lebhaft – und man fühlt sich angesichts der vielen Ultraorthodoxen, die auch im Sommer trotz glühender Hitze breitrandige Pelzhüte und Brokatmäntel tragen, in jüdische Schtetl des 19. Jhs. zurückversetzt.

Wer den **Tempelberg** 9 und den **Felsendom** 10 besuchen möchte, kann das nur zwischen Samstag und Donnerstag tun, der einzige Zugang für Nicht-Muslime erfolgt über das Marokkanertor an der Klagemauer und ist streng bewacht. Gäste, die nicht angemessen gekleidet sind, gelten als respektlos und werden abgewiesen. Man hat lediglich Zutritt zu dem weiten Gelände, die Gebäude können also nur von außen betrachtet werden.

Die **Al Aqsa-Moschee** 11 und auch der Felsendom, beide im 7. Jh. nach der islamischen Eroberung Palästinas erbaut, wurden in der Zeit der Kreuzritter bis zum Ende des 11. Jhs. zu christlichen Stätten umgewidmet. Ihre heutige Gestalt erhielten sie ab der muslimischen Epoche beginnend mit Sultan Saladin im 13. Jh. Tempelberg und Felsendom sind den muslimischen Gläubigen drittwichtigste religiöse Stätte nach der Kaaba in Mekka sowie Medina, beide in Saudi-Arabien. Es kommt häufig zu Ausschreitungen von Gläubigen, dann ist dieses Areal vollständig gesperrt.

Nach all diesen Besichtigungen ist der lebhafte Kontrast, den ein Bummel über die schöne und traditionelle Geschäftsstraße **Jaffa Street** 12 bietet, eine willkommene Abwechslung. Man kann bis zum **Mahane-Yehuda-Markt** 13 spazieren, sich dort stärken und wieder in den Light Train einsteigen, der zum Busbahnhof fährt. Oder vorher noch in dem in einer Seitenstraße der Jaffa Street etwas versteckt liegenden Büchercafé **Tmol Shilshom** mit schönem Innenhof eine Pause einlegen (Yoel Moshe Salomon St 5, Tel. 02-623 27 58, www.tmol-shilshom.co.il, So–Do 8.30–23, Fr bis 1 Std. vor Shabbat, Sa 30 Min. nach Shabbat bis Mitternacht).

INFOS VON A–Z

ÄRZTLICHE VERSORGUNG

Die medizinische Versorgung in Israel ist ausgesprochen gut. Die zahlreichen **Apotheken** (Beit Mirkachat) haben normalerweise So–Do von 9–18 und Fr 9–15 Uhr geöffnet. Außerhalb dieser Zeiten stehen **Notdienste** zur Verfügung, deren Adressen man in den Tageszeitungen oder auch an der Hotelrezeption in Erfahrung bringen kann.

Im **Notfall** kann man sich an eine Klinik wenden. Die Bezahlung für die Behandlung erfolgt gleich vor Ort. Vor Reiseantritt ist abzuklären, ob die Krankenversicherung die Kosten übernimmt. Eine Auslandskrankenversicherung mit Rückholoption im Notfall ist empfehlenswert.

Die dem Roten Kreuz vergleichbare Organisation **Magen David Adom** (Roter Schild Davids) unterhält ein Erste-Hilfe-Zentrum (www.mdais.org/en).

TelAviv Doctor informiert über Ärzte und hat eine eigene Klinik (telaviv-doctor.com, auch auf Deutsch).

BARRIEREFREIES REISEN

Von der Strandpromenade bis hin zu den Bussen ist es für Rollstuhlfahrer kein größeres Problem, in Tel Aviv unterwegs zu sein. Aber längst nicht alle Hotels, Restaurants und Sehenswürdigkeiten sind auf sie eingestellt oder bieten Behinderten-WCs an. Ausführlichere Informationen gibt die Website **Access Israel** (www.access-unlimited.co.il, auf Englisch) mit Listen von Stränden, Hotels usw. Auf der Website des offiziellen Fremdenverkehrsamtes gibt es ebenfalls Auskünfte (www.goisrael.de, auf Englisch).

Der Wohltätigkeitsverein **Yad Sarah** hilft Reisenden mit einer Behinderung. Ein Team hilft Urlaubern bei den Vorbereitungen der Reise und steht während des gesamten Aufenthalts im Land für Fragen zur Verfügung. Die Angebote sind bei vorheriger Anmeldung landesweit kostenlos oder gegen eine kleine Gebühr nutzbar. Die Organisation verleiht zum Beispiel medizinische Ausrüstung und liefert diese direkt in die Unterkunft. Sie hilft bei der Suche nach Hotelzimmern für besondere Bedürfnisse, verleiht Sauerstoffflaschen und -masken, organisiert rollstuhlgerechte Transfers sowie Sightseeing und empfiehlt Reiseleiter, die auf Touristen mit eingeschränkter Mobilität spezialisiert sind (en.yad-sarah.net).

DIPLOMATISCHE VERTRETUNGEN

- **Deutsche Botschaft**
  Daniel Frisch St 3, Tel Aviv,
  Tel. 03-693 13 13, www.tel-aviv.diplo.de
- **Österreichische Botschaft**
  Sason Hogi Tower,
  Abba Hillel Silver St 12, Tel Aviv,
  Ramat Gan, Tel. 03-612 09 24,
  www.bmeia.gv.at/oeb-tel-aviv
- **Schweizerische Botschaft**
  HaYarkon St 228, Tel Aviv,
  Tel. 03-546 44 55
  www.eda.admin.ch/telaviv

EIN- & AUSREISE

Für die **Einreise** benötigt man einen ab Ausreisedatum noch sechs Monate gültigen Reisepass. Deutsche, die vor dem 1. Jan. 1928 geboren sind, benötigen ein Visum. Kinder müssen sich durch einen Reisepass ausweisen.

Deutsche Staatsangehörige, die in der Vergangenheit aus Israel ausgewiesen wurden, sich illegal in Israel aufgehalten haben oder denen die Einreise nach Israel verweigert wurde, müssen vor ihrer Einreise bei einer israelischen Auslandsvertretung oder dem israelischen Innenministerium ihren Fall überprüfen lassen und ein Visum einholen.

Einer der typischen geschwungenen Balkone im Bauhaus-Stil

Bei der Einreise am Airport Ben Gurion erhält jeder Reisende eine kleine blaue Einreisekarte (»B2 Stay-Permit«), die bis zur Ausreise aufbewahrt werden muss. Sie sollte stets im Pass mitgeführt werden. Bei der Einreise sind intensive Sicherheitsbefragungen möglich.

2017 hat das israelische Parlament ein Gesetz verabschiedet, wonach nicht-israelischen Staatsangehörigen die Einreise nach Israel grundsätzlich verweigert wird, wenn sie öffentlich und wissentlich zum Boykott von Israel aufgerufen oder sich verpflichtet haben, sich an einem solchen Boykott zu beteiligen.

Gleiches gilt, wenn sie einer Organisation angehören oder bei einer Einrichtung arbeiten, die zu einem solchen Boykott aufgerufen hat.

Das **Auswärtige Amt** empfiehlt, sich auch bei einem Kurzzeitaufenthalt spätestens zehn Tage vor Reiseantritt in der Krisenvorsorgeliste des Auswärtigen Amtes online zu registrieren (elefand.diplo. de). Die Daten werden nach Reiseende automatisch wieder gelöscht.

Bei der **Ausreise** über den Flughafen Ben Gurion kann es ebenfalls zu zeitaufwendigen Befragungen kommen, bevor man zum Check-in weitergeleitet wird. Mitunter wird auch das Gepäck intensiv kontrolliert. > mehr S. 19 Punkt ㊽

ELEKRIZITÄT
Die Netzspannung beträgt 220 Volt. Die meisten Steckdosen haben drei Steckkontakte, aber nicht immer ist deshalb ein Adapter erforderlich.

GELD & WÄHRUNG
Die Landeswährung sind Neue Israelische Schekel (NIS), 1 Schekel = 100 Agorot.

Die Ein- oder Ausfuhr von Geldmitteln im Gegenwert von zusammen 80 000 NIS und mehr muss angemeldet werden. Das entsprechende »Zoll-Formular Nr. 84« kann telefonisch unter +972-2-658 77 77 angefordert werden.

Kreditkarten werden im ganzen Land akzeptiert, mit der Bankkarte kann man an vielen Automaten Schekel abheben (Gebühren bei der Heimatbank erfragen).

Geld wechseln kann man im ganzen Land in Banken und Wechselstuben. Am Flughafen Tel Aviv ist der Kurs sehr schlecht, es ist aber dennoch ratsam, ggf. gleich hier in einer der Wechselstuben eine kleine Geldsumme zu tauschen.

Den besten Wechselkurs erhalten Besucher, wenn sie mit einer Postbank SparCard an einem VISA-Geldautomaten Geld abheben. Diese stehen bei den nationalen großen Geldinstituten wie Leumi oder Hapoalim direkt vor der Bank. Automaten dieser Geldinstitute sind auf Tauglichkeit überprüft; es sind vier Bargeldauszahlungen mit der SparCard pro Jahr kostenfrei.

Die Benutzerführung der Geldautomaten findet in der Regel auf Hebräisch und Englisch statt.

Wechselkurs (Stand März 2020): 1 Euro = 3,93 NIS, 1 CHF = 3,71 NIS; 1 NIS =

💬 GUT ZU WISSEN

- Tel Aviv ist ein teures Pflaster, da ist es gut zu wissen, dass es **kostenlose Stadtführungen** gibt, die das Tourismusamt veranstaltet. Sie sind hochklassig besetzt und dauern etwa anderthalb bis zwei Stunden. Die Führungen werden für Sarona (Fr 11 Uhr), Neve Tzedek (Do 10 Uhr), Bauhaus und Rothschild Boulevard (Sa 11 Uhr) angeboten (visit.tel-aviv.gov.il/see-do/walk-the-city), für die Tour in Jaffa (3x tgl.) muss man sich anmelden bei www.neweuropetours.eu/sandemans-tours/tel-aviv/free-tour-of-tel-aviv). Alle Führungen in englischer Sprache.
- **Tel Aviv Greeter** (www.telavivgreeter.com) nennt sich die Organisation von Laila Arad-Allan und Corinne Ben Sasson, die Stadtführungen auf eine andere Art und Weise versteht. Hier bieten Leute aus dem Stadtteil interessierten Gästen an, ihnen ihr Viertel zu zeigen – kostenlos. Die Idee dahinter steht für Austausch, Kennenlernen, Dialog. Ein tolles Konzept, das schon zu Gegeneinladungen geführt hat.
- Die **Happy Hour** ist eine gute Möglichkeit, preiswert in den Abend hineinzugleiten. Sie anzubieten ist schon fast die Regel in den angesagten Cafés und Bars von Tel Aviv. Sie gilt meist von 17–19 Uhr. Manchmal gibt's auch einen Discount beim Essen.
- Für alle, die den **öffentlichen Nahverkehr** nutzen möchten, bietet sich die aufladbare Rav-Kav › **S. 24** an, die an ausgewiesenen Läden erhältlich ist (z. T. auch bei der Touristeninformation). Ist nicht nur für Tel Aviv, sondern auch für Jerusalem gültig. Das Bussystem ist sehr gut, die Ansagen der Haltestellen erfolgen auch auf Englisch. Keine Busse ab Freitagnachmittag bis Samstagabend, abends bis etwa 23 Uhr.
- Der **Bus 445** bringt den Gast für aktuell 9,30 NIS (etwa 2,50 Euro) vom **Flughafen Ben Gurion** nach **Tel Aviv** hinein und bedient z. B. die Ben Yehuda St, Yehuda Halevi St und Menachim Begin St. Er verkehrt stündlich rund um die Uhr von So bis Do, am Freitag bis Shabbat-Beginn (etwa 16 Uhr) und am Samstagabend wieder ab etwa 19 Uhr.
- Der **Bus 10** bietet sich als Hop-on-Hop-off-Alternative an, denn er berührt auf seiner langen Route wichtige Ziele bis hinunter in den Süden, weit über Jaffa hinaus. Eine exzellente Gelegenheit, die Stadt kennenzulernen. Verkehrt teilweise auch in Strandnähe.

Street Art begegnet einem überall in Tel Aviv, auch am Bialik Square

0,25 Euro/0,27 CHF (aktueller Tageskurs unter www.oanda.com)

GESUNDHEIT

Für die direkte Einreise nach Israel sind keine Impfungen vorgeschrieben, empfohlen werden bei längerem Aufenthalt Hepatitis A und eventuell auch Hepatitis B und Tollwut.

INFORMATION

- **Staatliches Israelisches Verkehrsbüro** Auguste-Viktoria-Str. 74–76, 14193 Berlin, Tel. 030-203 99 70, www.goisrael.de
- **Boardwalk Information Center** Herbert Samuel St 46, Tel Aviv, Tel. 03-516 63 17
- **Jaffa Information Center** Marzuk and Azar St 2 (Nähe Clock Tower), Tel Aviv, Tel. 03-516 61 88
- **Independence Trail Information Center** Rothschild Blvd 11, Tel Aviv, Tel. 03-516 63 17
- **Sarona Visitors Center** Albert Mendel St 11, Tel Aviv, Tel. 03-604 96 34, visit.tel-aviv.gov.il

Am Strand oder auch an weiteren touristisch interessanten Orten sind Pop-up-Infozentren installiert.

KRIMINALITÄT

Die Kriminalitätsrate ist laut Auswärtigem Amt niedrig. Vor der an Touristenorten, Flughäfen, Bahnhöfen, Stränden und auf Märkten häufig zu beobachtenden Kleinkriminalität wie Taschendiebstählen wird aber gewarnt.

NOTRUF

- **Polizei:** Tel. 100
- **Rettungswagen/Notarzt:** Tel. 101
- **Feuerwehr:** Tel. 102

ÖFFNUNGSZEITEN

Von Sonntag bis Donnerstag sind **Geschäfte** in der Regel von 9–19 Uhr geöffnet, kleinere legen eine Mittagspause ein. In Shoppingmalls ist durchgehend bis abends geöffnet. Freitags schließen sie ab 15 Uhr, manche erst um 17 Uhr. Am Shabbat und an hohen Feiertagen sind die jüdischen Geschäfte normalerweise alle geschlossen, es gibt aber Ausnahmen, zum Beispiel Malls oder auch Supermärkte wie am:pm, die für wenige Stunden öffnen.

Museen haben meist durchgehend von 9–16/17 Uhr geöffnet und einen Schließtag in der Woche.

SICHERHEIT

Vor einer Israelreise sollte man sich über die aktuelle Sicherheitslage informieren (www.auswaertiges-amt.de). Bei Redaktionsschluss lagen keine Reisewarnungen für **Tel Aviv** vor, aber jeder, der dorthin reist, weiß um die unsichere Situation, die jederzeit eskalieren kann. Man sollte sich mit der Lage von Schutzräumen vertraut machen und alle Anweisungen israelischer Zivilschutzbehörden befolgen.

Der **Zivilschutz Home Front Command** unterhält eine Website, die über Luftschutzräume informiert (www.oref.org.il, nur in Israel abrufbar).

Wer **Jerusalem** besucht, sollte wissen, dass es insbesondere auf dem Tempelberg/Haram Al Sharif und dessen Umgebung zu Auseinandersetzungen kommen kann, vor allem an muslimischen und jüdischen Feiertagen sowie an Freitagen. Mitunter wurde er für Besuche auch geschlossen. Die Altstadt wird an strategischen Punkten von der israelischen Armee überwacht.

💬 **URLAUBSKASSE**

• Tasse Kaffee	8–10 NIS
• frisch gepresster Granatapfelsaft/ hausgemachte Limonade	15–20 NIS
• Glas Wein	ab 35 NIS
• Flasche Bier	25 NIS
• Vorspeisenteller	30 NIS
• Sandwich am Kiosk	22 NIS
• Wasser am Kiosk	ab 6 NIS
• Taxifahrt (10 km)	35–40 NIS

TELEFON & INTERNET

Die Vorwahl für Israel lautet +972, die Stadtvorwahl Tel Avivs (0)3. **Telefonkarten** sind in Hotels, bei Postämtern, Kiosken und bei Zeitungsständen erhältlich. Für das Telefonieren mit dem eigenen **Handy** fallen zum Teil hohe Roaming-Gebühren an. Israelische Sim-Karten gibt es an Kiosken, im Dizengoff Center, in einigen Hotels und an den Flughäfen. Anbieter von Telefondienstleistungen sind zum Beispiel Partner und Israelphones (israelphones. com). Oder man benutzt eine Calling Card z. B. von Golan (golantelecom.co.il).

In Tel Aviv gibt es mehr oder weniger überall kostenlosen Zugang zum **Internet** via Wi-Fi. Um die Sicherheit eines öffentlichen Ortes zu überprüfen, verwendet man am besten eine VPN-App oder eine Sicherheits-Software.

TRINKGELD

In **Restaurants** sind 10–15 % des Rechnungsbetrags üblich; oft findet man auch neben der Kasse eine kleine Box, die für Tips gedacht ist > mehr S. 19 Punkt **46**. Das gilt auch in **Hotels;** dort kann man das Trinkgeld auch in einem Umschlag der Rezeption übergeben. Wer mit Karte zahlt, legt das Trinkgeld extra dazu. **Taxifahrer** erwarten kein Trinkgeld.

ZOLL

Gegenstände des persönlichen Bedarfs kann man uneingeschränkt einführen. Geschenke im Wert von maximal 150 US-$ passieren den Zoll, ebenso 2 l alkoholische Getränke und 200 Zigaretten. Nicht mitgebracht oder ausgeführt werden dürfen Früchte (außer Trockenfrüchte), Fleisch, Pflanzen und Medikamente (außer solche für den eigenen Bedarf).

Die Website www.artenschutz-online.de gibt Auskunft über Tiere und Pflanzen, die man nicht ausführen darf, dazu gehören auch zum Teil auf Pflanzenbasis produzierte Kosmetika.

REGISTER

BILDNACHWEIS

Coverfoto: Mural, Tel Aviv © Alamy/Seligmann, Galit

Fotos Umschlagrückseite: Shutterstock/Glinsky, Rostislav (links); stock.adobe.com/Daria Hop (Mitte); Shutterstock/Stiop, Alexey (rechts)

Asal, Susanne: 8; AWL Images Ltd/Langley, Jason: 31, 114; gemeinfrei: 57; dpa Picture-Alliance/Küchler, Bernhard: 119; dpa Picture-Alliance/REUTERS: 138; Getty Images/Ami Faran: 20/21; Getty Images/EyeEm/Goldman, Yana: 143; Getty Images/EyeEm/Varon, Keren: 132; Getty Images/Jacobs, Michael: 22; Getty Images/Kolderal: 10; Getty Images/Koldertsov, Alex: 43, 121; Getty Images/Maremagnum: 141; Getty Images/Soltan, Frédéric: 147; imago/Design Pics: 92; imago/ecomedia/Fishman, Robert: 13, 26; imago/Photocase: 70/71; imago/Schöning: 114; imago/ZUMA Press: 65; laif/hemis.fr/Maisant, Ludovic: 75, 153; laif/hemis/Renault, Philippe: 73, 88; laif/Kerber, Christian: 59; laif/Kirchgessner, Markus: 41; laif/Linkel, Thomas: 136; laif/Opperskalski, Jonas: 118; laif/Schwelle, Dagmar: 33; mauritius image/Alamy/BNA Photographic: 69; mauritius images/Alamy/Dorosz, V.: 125; mauritius images/Alamy/Falbe, Ralf: 131; mauritius images/Alamy/Historic Collection: 28; mauritius images/Alamy/Jacobs, Michael: 120; mauritius images/Alamy/Khmarskyi, Maksym: 37; mauritius images/Alamy/Michael Jacobs Photography: 63; mauritius images/Alamy/Norman, John: 151; mauritius images/Alamy/OA: 39; mauritius images/Alamy/PhotoStock-Israel: 48; mauritius images/Alamy/Rotenberg, Alexandre: 109; mauritius images/Alamy/Rottem, Boaz: 34; mauritius images/Alamy/Seligmann, Galit: 93; mauritius images/Alamy/Zoonar GmbH: 128; mauritius images/Cavan Images: 110; mauritius images/Reuter/PhotoStock-Israel: 101; mauritius images/Wolf, Moritz: 6; plainpicture/Bordon, Kirill: 129; plainpicture/Hellier, Gavin: 145; plainpicture/neubildanstalt/Klueter: 55; seasons.agency/Jalag/Hilger, Naftali: 66; seasons.agency/Peretz, Dan: 82; Shutterstock/Beiler, Ryan Rodrick: 134, 148; Shutterstock/Boris-B: 16, 25, 103, 104; Shutterstock/ColorMaker: 49; Shutterstock/Dufour, Anna: 17; Shutterstock/Eliyahu, Omri: 45; Shutterstock/Felker, Inna: 79, 80; Shutterstock/Fotokon: 100; Shutterstock/Glinsky, Rostislav: 90; Shutterstock/ingehogenbijl: 15; Shutterstock/Jose HERNANDEZ Camera 51: 117; Shutterstock/Kvitka Fabian: 46; Shutterstock/Nesher: 122; Shutterstock/Parker, Damian: 12; Shutterstock/rasika108: 19; Shutterstock/Reuter, Jasmin: 98; Shutterstock/Rico, Antonio: 18; Shutterstock/Samoylik, Stanislav: 50; Shutterstock/Shapiro, Victoria: 60; Shutterstock/Stiop, Alexey: 83; Shutterstock/Tohtohunov, Roman: 9; Shutterstock/Troiani, Mario: 97; Shutterstock/V. Ben: 52/53; Shutterstock/VittoriaChe: 85; Shutterstock/Zhukovsky, Leonard: 72; stock.adobe.com/LevT: 9; stock.adobe.com/Naveh, Dotan: 89; stock.adobe.com/Daria Hop: 14.

Liebe Leserin, lieber Leser,

wir freuen uns, dass Sie sich für diesen POLYGLOTT on tour entschieden haben.
Unsere Autorinnen und Autoren sind für Sie unterwegs und recherchieren sehr gründlich, damit wir mit aktuellen und zuverlässigen Informationen auf Reisen gehen können.
Dennoch lassen sich Fehler nie ganz ausschließen. Wir bitten Sie um Verständnis, dass der Verlag dafür keine Haftung übernehmen kann.

Ihre Meinung ist uns wichtig. Bitte schreiben Sie uns:

GRÄFE UND UNZER VERLAG
Postfach 86 03 66, 81630 München, Tel. 0 89 / 419 819 41
www.polyglott.de

LESERSERVICE
polyglott@graefe-und-unzer.de
Tel. 0 800 / 72 37 33 33 (gebührenfrei in D, A, CH), Mo–Do 9–17 Uhr, Fr 9–16 Uhr

1. Auflage 2021

© 2021 GRÄFE UND UNZER VERLAG GmbH, München
Dieses Buch wurde auf chlorfrei gebleichtem Papier gedruckt.
ISBN 978-3-8464-0761-5

Alle Rechte vorbehalten. Nachdruck, auch auszugsweise, sowie die Verbreitung durch Film, Funk, Fernsehen und Internet, durch fotomechanische Wiedergabe, Tonträger und Datenverarbeitungssysteme jeglicher Art nur mit schriftlicher Genehmigung des Verlages.

Bei Interesse an maßgeschneiderten B2B-Editionen:
roswitha.riedel@graefe-und-unzer.de

Bei Interesse an Anzeigen:
KV Kommunalverlag GmbH & Co KG
Tel. 089/928 09 60
info@kommunal-verlag.de

Verlagsleitung Reise: Philip Laubach
Verlagsredaktion: Anne-Katrin Scheiter
Autorin: Susanne Asal
Redaktion: Karen Dengler
Bildredaktion: Nora Goth
Mini-Dolmetscher: Langenscheidt
Umschlaggestaltung & Layout:
Independent Medien Design, München
Horst Moser (Artdirection), Lucie Heselich
Karten & Pläne: Huber Kartographie GmbH
Satz: Tim Schulz, Mainz
Herstellung: Gloria Schlayer
Druck und Bindung:
Printer Trento, Italien

PEFC
PEFC/18-31-506

GRÄFE UND UNZER

Ein Unternehmen der
GANSKE VERLAGSGRUPPE

MINI-DOLMETSCHER HEBRÄISCH

ALLGEMEINES

Guten Tag.	bokär **tohw**
Guten Tag (allg.).	schal**om**
Guten Abend.	äräw **tohw**
Hallo!	hal**oh**
Wie geht's?	zu Mann: maˍschlom**cha**
	zu Frau: maˍschlom**ehch**
Danke, gut.	**tohw**, toda
Ich heiße …	schmih …
Auf Wiedersehen.	lˍhitra·**ot**
Morgen	bok**är**
Vormittag	lif**neh** hazohor**ajim**
Nachmittag	ach**areh** hazohor**ajim**
Abend	ä**raw**
Nacht	la**ila**
morgen	ma**char**
heute	ha**johm**
gestern	ät**mol**
Sprechen Sie Deutsch / Englisch?	zu Mann: ata mədaber gärman**it** / ang**lit**
	zu Frau: at mədabärat gärman**it** / ang**lit**
Wie bitte?	slich**ah** / bəwaka**schah**
Ich verstehe nicht.	ani lo mew**ihn** (m.) / məw**inah** (w.)
Sagen Sie es bitte noch einmal.	zu Mann: tag**ihd** ät **säh** od **paam**, bəwaka**schah**
	zu Frau: tag**ihdih** ät **säh** od **paam**, bəwaka**schah**
…, bitte.	bəwaka**schah**
danke	to**da**
Keine Ursache.	al **lo** da**war**
was / wer	ma / mi
welcher	eh**sä**
wo	eh**fo**
wohin	lə·**lahn**
wie	ehch oder keh**zad**
wie viel	ka**ma**
wann	ma**tai**
wie lange	ka**ma** s**man**
Wie heißt das?	ehch kor·**ihm** / omr**ihm** las**äh**
Wo ist …?	eh**fo** …
Können Sie mir helfen?	zu Mann: tuch**al** la·as**or** lih
	zu Frau: tuch**li** la·as**or** lih
ja	ken
nein	loh
Entschuldigen Sie.	ßlich**ah**
Das macht nichts.	ehn da**war**

SHOPPING

Wo gibt es …?	eh**fo** jesch
Wie viel kostet das?	ka**ma** säh ol**äh**
Wo ist eine Bank?	eh**fo** bank
Geben Sie mir bitte 100 g Käse / zwei Kilo Orangen.	zu Mann / Frau: ten / tni li me·**ah** gram gw**inah** / schneh k**ilo** tapus**ihm**
Haben Sie deutsche Zeitungen?	zu Mann / Frau: jesch l**ɔ**cha / lahch iton**ihm** gärmanij**ihm**
Wo kann ich telefonieren?	eh**fo** äf**schar** latal**fen**
Wo kann ich eine Telefonkarte kaufen?	eh**fo** äf**schar** kartis·täläf**ohn**

ESSEN UND TRINKEN

Die Speisekarte, bitte.	hata**friht**, bəwaka**schah**
Brot	läch**äm**
Kaffee	kaf**eh**
Tee	teh
mit Milch / Zucker	im cha**law** / su**kar**
Orangensaft	mizˍtapus**ihm**
Mehr Kaffee, bitte.	jot**er** kaf**eh**, bəwaka**schah**
Suppe	ma**rak**
Fisch	dag**ihm**
Meeresfrüchte	per**ot**ˍha**jam**
Fleisch	ba**ßar**
Geflügel	of**ot**
Beilage(n)	tos**äfät**
vegetarische Gerichte	ma·achal**ihm** zimchonij**ihm**
Eier	behz**ihm**
grüner Salat (gemischter)	cha**ßnah**
Salat	ßal**at**
Dessert	kinu·achˍsəˍu**dah**
Obst	per**ot**
Eis	glid**ah**
Wein	jaj**in**
weiß / rot / rosé	law**an** / ad**om** / war**od**
Bier	bih**ra**
Wasser	maj**im**
Mineralwasser	maj**im** mineralij**ihm**
Limonade	gas**os**
Ich möchte bitte zahlen.	ani məwak**esch** (m.) / məwake**schät** (w.) ləschal**em**
Es war sehr gut.	säh ha**jah** tow·ma**od**

MEINE ENTDECKUNGEN

....
....
....
....
....
....
....
....
....
....
....
....
....
....
....
....
....
....
....
....

Teilen Sie Ihre Entdeckungen auf facebook.com/Polyglottreisewelt.

CHECKLISTE TEL AVIV

Nur da gewesen oder schon entdeckt?

☐ **WO SICH DIE WELT TRIFFT**
Es gibt kaum eine bessere Möglichkeit, mit Tel Aviv und
Menschen in Kontakt zu kommen, als im Abraham. Fast täglich
gibt es eine Tour, täglich ein kleines Sportangebot, dazu DJs auf
der Dachterrasse, Kochkurse, Sprachkurse … Und nirgends sind
die Gäste so bunt gemischt wie hier. › S. 32

☐ **SUBKULTUR IM ZENTRALEN BUSBAHNHOF**
Wer mehr über die »Stadt in der Stadt« wissen möchte, die nun
auch junge Kreative für sich entdeckt haben, sollte sich in den
»Bauch des weißen Elefanten« wagen. › S. 13

☐ **ODE AN DEN BLUMENKOHL**
Einmal muss man ihn probiert haben, den im Ofen knusprig
gebackenen ganzen Blumenkohl des begnadeten israelischen
Kochs Eyal Shani. › S. 14

☐ **KÖRPERKULTUR AM STRAND**
Einfach nur im feinen Sand rumliegen und nichts tun? Ist in
Tel Aviv fast unmöglich, weil man von all der Fitness, die hier
unterwegs ist, regelrecht angesteckt wird. Und Matkot geht ja
eigentlich immer. › S. 12

☐ **UNBÄNDIGE »GAGA«-ENERGIE ERLEBEN**
Der »Sprache« der Batsheva Dance Company und ihres
Choreografen Ohad Naharin, die im Suzanne Dellal Center
beheimatet sind, zählt zum
Brillantesten, was Tanz
»erzählen« kann. › S. 16

☐ **SCHNITZEL, APFELSTRUDEL
& SACHERTORTE**
Die gibt's im Café des
Österreichischen Hospizes,
dem Pilgergästehaus in
Jerusalem. Und von der
Dachterrasse hat man
einen famosen Blick › S. 13

> 💬 **MITBRINGSEL**
>
> • Mit duftendem Inhalt gefüllt
> und hübsch anzusehen sind die
> **Apothekenfläschchen** von Erez
> und Lea › S. 19
> • Wunderschöne Dinge rund ums
> **Papier** gibt's vom Designerteam
> Sharon Brunsher/Shiran
> Rockaway bei Papier › S. 17